PHYSIOGEOGRAPHICA

BASLER BEITRÄGE ZUR PHYSIOGEOGRAPHIE

Band 29

Die Digitale Geoökologische Risikokarte

Prozessbasierte Raumgliederung am Blauen-Südhang im Nordwestschweizerischen Faltenjura

mit 40 Abbildungen, 22 Tabellen und 35 Karten in separatem Kartenband

von

Marius Menz

PHYSIOGEOGRAPHICA

© 2001 Prof. Dr. Dr. h. c. H. Leser und Dr. M. Menz

Departement für Geographie der Universität Basel
Klingelbergstrasse 16
CH-4056 Basel

Alle Rechte vorbehalten

Der vorliegende Band erscheint gleichzeitig als Dissertation der
Philosophisch- Naturwissenschaftlichen Fakultät der Universität Basel

Geoökologische Gliederung als methodisches Problem der Landschaftsforschung

Hartmut Leser

Forschungsgruppe Landschaftsanalyse und Landschaftsökologie
Basel (FLB)
Abteilung Physiogeographie und Landschaftsökologie
Geographisches Institut Universität Basel

1 Einleitung

1.1 Worum geht es?

Es wird eine Dissertation (M. MENZ 2001) vorgestellt, die sich einmal mehr mit dem Problem der geoökologischen Raumgliederung beschäftigt. Raumgliederungen dienen vor allem praktischen Zwecken. Sie werden auf verschiedenen Stufen der Orts-, Regional- und Landesplanung benötigt, aber auch bei Problemlösungen der Landschaftspflege, des Natur-, Boden-, Gewässer- und Umweltschutzes. Verschiedene anwendende Fachwissenschaften hätten ebenfalls einen Bedarf, wenn sie den Rationalisierungseffekt bedenken würden, den Raumgliederungen für Kartierungen im Bereich Boden-Ressourcen des oberflächennahen Untergrundes, biogeographische Raumbewertungen etc. erbringen könnten. In der Regel fehlen jedoch die transdisziplinären Kontakte – aus welchen Gründen auch immer.

Die Dissertation kann folgenden Bereichen zugeordnet werden, die direkt oder indirekt auch Gegenstand einer "Angewandten

Landschaftsökologie" (R. SCHNEIDER-SLIWA, D. SCHAUB & G. GEROLD 1999, Hrsg.) sind[1].

- *Methodik der Landschaftsökologie*, dort speziell dem Bereich der landschaftsökologischen und geoökologischen Raumgliederungen. Dabei geht es um die Erfassung von komplexen Raumstrukturen. Dies erfolgt auf der Grundlage der "Theorie des geographischen Komplexes". (K. HERZ 1994; H. LESER 1999; H. LESER & R. SCHNEIDER-SLIWA 1999; TH. MOSIMANN 1984; E. NEEF 1967).
- *Methodologie der geographischen Raumlehre*, bei der es um Verfahren (z.b. Naturräumliche Gliederung und Naturräumliche Ordnung) und deren dimensionsbezogenen Aussagen geht. Den methodologischen Hintergrund dafür bildet die "Theorie der geographischen Dimensionen". (K. HERZ 1973; H. LESER ^{4}1997; H. LESER 1999; H. LESER & R. SCHNEIDER-SLIWA 1999; E. NEEF 1963).

Die Dissertation ist Bestandteil des längerfristigen Forschungsprojekts "Landschaftsanalyse". Einer der Schwerpunkte darin war mehrfach das Thema der digitalen geoökologischen Karten (DIGÖK). Eine größere zusammenfassende Arbeit lieferte M. HUBER (1995). Dabei standen zunächst GIS-methodische Probleme im Vordergrund, wobei vorzugsweise in großen und größten Maßstäben gearbeitet wurde, also in der topischen Dimension. Die dort bestehenden inhaltlichen und methodischen Probleme sind überwiegend gelöst, wenn man vom Problem der prozessbezogenen Charakterisierung der Inhalte geoökologischer Raumeinheiten absieht. Beiträge dazu wurden jedoch auch in der enger erscheinenden Erforschung der Bodenerosion geleistet, die in der Forschungsgruppe Bodenerosion (GEOGRAPHISCHES

---

[1] Die in dem Band versammelten Beiträge gehen fast alle von den nachstehenden Theorievorgaben aus. Hingewiesen sei besonders auf die Artikel von F. MÜLLER, U. STEINHARDT und K. AURADA im zitierten Band. Sie werden aus Platzgründen im Literaturverzeichnis dieses Aufsatzes nicht direkt zitiert. Das gilt auch für einige andere Arbeiten des genannten Buches.

INSTITUT, FORSCHUNGSGRUPPE BODENEROSION BASEL 2001[2]) bekanntlich von einem raumbezogenen geoökologischen Ansatz ausgeht. Vor allem sei auf die Dissertation D. DRÄYER (1996) hingewiesen. Ähnlich setzen auch andere Arbeitsgruppen an (R. DUTTMANN 1999; S. ISRINGHAUSEN, R. DUTTMANN & TH. MOSIMANN 1999).

1.2 Vorbemerkungen zur Geoökologie und zur geoökologischen Forschung

"Geoökologie" oder "Landschaftsökologie" – wohin gehört die Dissertation MENZ? Die Geoökologie beschäftigt sich, vor allem von einem naturwissenschaftlichen Ansatz ausgehend, mit geowissenschaftlichen Problemen *innerhalb* des Modells des Landschaftsökosystems. Dazu kann man auch die hier vorzustellende Arbeit rechnen, selbst wenn "Geoökologie" oft unscharf mit "Landschaftsökologie" gleichgesetzt wird[3]. Die Diskussion soll hier weder geführt noch abgeschlossen werden. Ein pluralistisches, transdisziplinär ansetzendes Wissenschaftsverständnis lässt – je nach Sichtweise – verschiedene Zuordnungen zu. Das kann sowohl zur in Übersee allmählich aufkommenden "Ecosystem Geography" (R. G. BAILEY 1996) ebenso geschehen wie zur "Angewandten Landschaftsökologie (TH. MOSIMANN

---

[2] Das Verzeichnis der Arbeiten kann auf der Homepage des Geographischen Instituts der Universität Basel abgerufen werden: http://www.gib.unibas.ch

[3] Der Verfasser unterscheidet seit längerem in der Theorie zwar streng zwischen Geoökosystem und Landschaftsökosystem (H. LESER 1984), dem auch die internationale Literatur folgt (z.B. A. RICHLING & J. SOLON [2]1996), hat aber bei den älteren Auflagen seiner "Landschaftsökologie" (1976, 1978, 1991 = zitiert in H. LESER [4]1997) still vorausgesetzt, dass – im Sinne des Geoökosystems – nur ein, wenngleich "grosses" (also funktional komplexes) *Subsystem aus dem Modell des Landschaftsökosystems* behandelt wird.– Diese Abgrenzungsdiskussion – die eine Theorie- und damit eine Begriffsdiskussion darstellt – ist eigentlich längst abgeschlossen, kommt jedoch immer wieder auf, wie z.Z. in der Diskussion um geographiedidaktisch-ökologische Ansätze (dazu diverse Beiträge in Heft 4 [2000] der Zeitschrift DIE ERDE).

1999 in R. SCHNEIDER-SLIWA et al. 1999, Hrsg.). Die methodischen Grundlagen existieren seit Jahrzehnten (siehe beispielsweise K. HERZ 1973, 1994; H. LESER, 1999; E. NEEF 1963, 1967).

In diesem methodisch-methodologischen Kontext steht auch die Dissertation von M. MENZ (2001), die ein maßstabsbezogenes Verfahren zur geoökologischen Raumgliederung auf der Basis eines Geographischen Informationssystems entwickelt. Die methodische Vorgabe war, dies für die *chorische Dimension* (H. LESER [4]1997, 239 - 250) zu tun. Die *geoökologischen Forschungen* der Abteilung Physiogeographie und Landschaftsökologie des Geographischen Instituts Basel erfolgen immer im realen Raum, sei er noch einigermaßen natürlich, quasinatürlich oder in verschiedenen Intensitäten durch die Nutzung verändert. Dies sei erwähnt, weil durch den geforderten Bezug zur *Geographischen Realität* im Sinne von E. NEEF (1967) Modellspielereien unterbleiben mussten, die zwar ein Ergebnis geliefert hätten, dem jedoch die Beziehung zum real existierenden Komplex der Landschaft (K. HERZ 1994) verloren gehen könnte. Das würde auch die Verwendungsfähigkeit des Verfahrens in angewandt-praktischen Bereichen einschränken.

1.3 Die Dissertation im Kontext dieser methodologischen Vorgaben

Dissertationen können, auch wenn sie ausdrücklich geoökologisch gewichtet sind, rasch zur Spezialarbeit mutieren: Probleme der Datenbeschaffung, -homogenisierung und -validierung oder GIS- und Modellprobleme sind oft so übermächtig, dass darüber das Sachproblem (z.B. das "geographisch-landschaftsökologische Problem") völlig aus den Augen gerät. Nebenbei sei bemerkt, dass dieses Phänomen einer der Schrittmacher fortschreitender Spezialisierung ist, die ganze Fachwissenschaften zertrümmert, zugleich aber nichts Neues entstehen lässt. In der Dissertation wurde dieser Tendenz entgegengesteuert, indem

- sich streng an die Konzeptmodelle der holistisch ansetzenden Geoökologie bzw. Landschaftsökologie gehalten wurde,
- die "Theorie der geographischen Dimensionen" auf allen Einzelebenen der Arbeit beachtet wurde, weil sie einen methodischen Filter für Ansatz, Vorgehensweise, Ergebnis und Einsatzmöglichkeit des Ergebnisses in der Praxis darstellt, und
- die Frage nach dem praktischen Zweck von Anfang bis Ende leitend für die Entwicklung des Verfahrens war.

Allein schon aus methodischen Gründen sind viele GIS-gestützte Raumgliederungsansätze auf die topische Dimension bezogen. Die Gründe sind einsichtig:

- Das Untersuchungsgebiet ist klein, demzufolge liegen genügend Daten vor oder können innerhalb eines überschaubaren Zeitrahmens selbst erhoben werden.
- Die Komplexität der Geoökosysteme kann zwar groß sein, aber das Problem der räumlichen Vernetzung durch geoökosystemübergreifende Prozesse stellt sich nicht in vollem Umfang.
- Das Problem der räumlichen "landschaftsökologischen Heterogenität" (u.a. E. NEEF 1967 oder H. NEUMEISTER 1999), aus dem auch methodische und methodentechnische Konsequenzen entstehen, stellt sich nur in begrenztem Umfang.

Aufgabe der Dissertation war, für die GIS-gestützte geoökologische Raumgliederung einen *Maßstabswechsel* vorzunehmen und von der topischen in die chorische Dimension zu gehen. Eine weitere Prämisse war, mit *vorhandenen Daten* (z.B. großmaßstäbigen Kartierungen aus Diplomarbeiten und Geländepraktikumsberichten) zu arbeiten und keine selbständigen Messungen vorzunehmen. Diese Vorgabe orientiert sich an dem Normalzustand in der Praxis, in der Projekte rasch ausgearbeitet werden müssen, ohne dass aufwändige Datenerhebungen möglich sind. Zu den "vorhandenen Daten" gehören auch alle topographischen und geowissenschaftlichen Karten größeren Maßstabs, soweit diese für das Gebiet vorlagen. Dabei erstaunt auch in Mitteleuropa immer wieder, was alles *nicht* in großem Maßstab (z.B. 1 : 25'000) vorliegt (z.B. die wichtigen geologischen oder bodenkundlichen Karten – von vegetationskundlichen einmal ganz abgesehen).

2 Die Dissertation

2.1 Aufbau und Inhalt

Die Arbeit geht ebenfalls vom geoökologischen Ansatz der geographischen Landschaftsforschung aus – gemäß o.a. Theorievorgaben. Das muss insofern nochmals erwähnt werden, als beim Übergang in den kleineren Maßstab – und damit in die chorische Dimension – eine Reihe von Daten- und Aggregationsproblemen auftreten, die sich in der topischen Dimension nicht stellen. Zur Verständigung sei noch erwähnt, dass geoökologische Karten in der topischen Dimension etwa in den Maßstäben > 1 : 10'000 (oft sogar > 1 : 5'000, bei parzellenscharfen Aussagenotwendigkeiten noch größer, z.B. um 1 : 1'000) vorgelegt werden. Geoökologische Karten der chorischen Dimension liegen im Bereich 1 : 25'000 oder < 1 : 25'000, z.B. 1 : 50'000. Vor dem Hintergrund dieser Ordnung der Dimensionen geographischer Raumbetrachtung und den ihnen zugeordneten Kartendarstellungen und ihren Maßstäben kann man auch die methodischen Schwierigkeiten besser einschätzen, die mit dem Dissertationsprojekt verbunden waren.

Die Arbeit wird eingeleitet mit methodisch-methodologischen Betrachtungen und der Formulierung von Hypothesen (Kap. 1). Die knappe Darstellung des Untersuchungsraums wird bewusst auf vor allem größerräumige, strukturelle Elemente beschränkt, die für den geforderten Arbeitsmaßstab und die chorische Dimension relevant sind (Kap. 2). Im Kap. 3 "Methodisches Grundkonzept" wird sich nicht nur mit der Datengrundlage und der Datengüte beschäftigt, sondern auch die geographische und geoökologische Maßstabsproblematik und das methodische Vorgehen erläutert. Ein wichtiges

Handwerkszeug des Konzepts ist das Geographische Informationssystem (GIS). Die Datenverarbeitung in GIS (Kap. 4) wird denn auch sehr breit diskutiert, wobei sich für die *thematische Erarbeitung* auf vorhandene Modelle gestützt wird, die in der "Bewertungsanleitung für das Leistungsvermögen des Landschaftshaushalts" (= BA LVL; R. MARKS et al. 1989) dargestellt sind. Es sollte ja auf vorhandener Methodik aufgebaut und *weiterentwickelt* werden.

Bei diesem Arbeitsschritt zeigte sich sehr rasch, dass diverse Modellanpassungen vorgenommen werden mussten, weil sowohl der Maßstab (hier chorisch, in der BA LVL topisch) als auch die Art und Güte der Parameter dies erzwangen. Die "Theorie geographischer Dimensionen" (K. HERZ 1973; H. LESER [4]1997 [194 - 277]; E. NEEF 1963) steht im Kapitel "Geoökotop- und Geoökochorenausgliederung" (Kap. 5) im Mittelpunkt. Hier wird die Dimensionsproblematik in Bezug auf das Projekt und die gewählte Modellproblematik diskutiert, jedoch mit Schwergewicht auf der Theorie der Maßstäbe.

Mit Kap. 6 "Bewertung der Ergebnisse" setzt eine ausführliche Diskussion der kartographischen Produkte des Projekts ein, wobei anhand von praktischen Anwendungsbeispielen darüber nachgedacht wird, inwieweit das vorgelegte Konzept nicht nur allgemein praktikabel ist, sondern auch Problemlösungen für die Anwendung bieten kann. In die gleiche Richtung zielen "Schlussbetrachtungen und Ausblick" (Kap. 7). Dort wird mit konkreten Fragen der Landschaftsgestaltungs- und Planungspraxis abgefragt, welche Karten und welche Ergebnisse der entwickelten Methodik in welcher Form und mit welcher Aussagekraft eingesetzt werden können.

2.2 Dissertationen zeigen auch Forschungsdefizite auf!

Das Ergebnis der Dissertation ist ein *neues und zugleich praktisch brauchbares Verfahren*, dem sicherlich – nach ausreichenden Tests in diversen Praxisbereichen – Anwendungsreife zukommt. Wenn das Ergebnis vielleicht nicht als "ideal" bezeichnet werden kann, geht das nicht auf den Forscher zurück, die Ursache für diese Einschätzung gründet sich auf den *Stand der Forschung in der chorischen Dimension* insgesamt. Die Arbeit, aber auch die entwickelte Methodik, belegen nämlich, dass *mehrere zentrale methodische Probleme* der chorischen Landschaftsforschung immer *noch offen* sind, die sich – allein vom zeitlichen Umfang her – nicht im Rahmen einer einzigen Dissertation bewältigen lassen. Dazu gehören unter anderem:

- Der methodologisch und methodisch plausible *Übergang von der topischen zur chorischen Dimension*: Das ist nicht nur ein schlichtes (an sich ebenfalls nicht zu unterschätzendes) Datenproblem (welche Daten stehen zur Verfügung?), sondern ein Grundsatzproblem des geoökologischen Ansatzes (aber auch sonstiger ökologischer Ansätze, sofern sie *raumbezogen* sind). Es stellt sich die Frage nach dem *Grad der Komplexität* des gewählten Ansatzes und damit – letztlich – die Frage nach der *Art und der Anzahl der das Modell definierenden Parameter*. (Mit diesen schließt sich wieder der Kreis zum Problem der Datenerfassung etc..)
- Offen ist (und bleibt vermutlich noch eine Zeit lang) die Charakterisierung sogenannter "chorischer Prozesse", also jener geo- und bioökologischen Prozesse im neuerdings immer wieder genannten "Landschaftsmaßstab", die größerräumig als nur topisch (also im Deka- bis Hektometerbereich) wirken. R. SCHWARZ (1999; in R. SCHNEIDER-SLIWA et al. [Hrsg.] 1999) diskutierte diese Problematik – eher im Hinblick auf die zonale bis globale Größenordnung, aber ohne weiteres übertragbar auf die chorische Dimension.
- Offen ist auch das Problem, chorische Prozesse für die Modellarbeit dadurch handhabbarer zu machen, dass man diese Prozesse durch "geoökologische Schlüsselgrößen" repräsentiert. (Dabei sei ganz davon abgesehen, dass das Problem geoökologischer oder sonstiger ökologischer Schlüsselgrößen auch für die topische Dimension ungelöst ist. Der Verfasser sieht die Problemlösung jedoch nicht in rein technischen Datenverschneidungen, die Funktions- und Prozessbereiche einfach ausblenden oder überdecken.

Die Lösung müsste auf der Prozess- und Funktionsebene selber liegen. Das bedeutet: Einfach zu ermittelnde Parameter zu finden, die ganze Funktions- und Prozessbereiche eines Systemmodells abdecken, so dass sich nicht nur der Aufwand für die Datenerhebung, sondern auch der Rechenaufwand verringert.)
Die Dissertation verfügt auch über einen Anwendungsaspekt. Dadurch lenkt sie die Aufmerksamkeit auf ein weiteres offenes Problem, das bis zu einem gewissen Grade ebenfalls ein methodisches Problem ist, das auch noch seiner Lösung harrt: Es ist die
• Notwendigkeit der *präziseren Definierung von geoökologischen Sachfragen* und Kontexten *im Praxis- und Anwenderbereich.*
Die Praxis erwartet zu Recht von der Grundlagenforschung die Entwicklung von "Handwerkszeug", also rasch einsetzbaren, wenig aufwändigen Methoden, deren Einsatz keiner tiefgründiger wissenschaftlicher Vorbildung bedürfen. Doch die Grundlagenforschung kann nur dann sachgerecht und zielgerichtet bei der Entwicklung von Handwerkszeug vorgehen, wenn die Anwendergebiete klar definiert sind und die konkreten Anwenderbedürfnisse (Maßstab, inhaltliche Differenzierung, Parameterkombination, Prozessbezogenheit etc.) an die Fachwissenschaft herangetragen werden. Hier lässt die Praxis definitorische Lücken.

2.3 Diskussion einzelner Ergebnisaspekte
Wichtigstes Ergebnis der Untersuchung sind die vorgelegten 32 Karten, die einerseits Einzelparameterdarstellungen umfassen (im Sinne von Darstellung der Datengrundlagen/Bestandsaufnahmen), die andererseits jedoch auch *Ergebnisse neuer Art* darstellen. Dies ist vor allem die *"Digitale Geoökologische Risikokarte",* die auf *prozessbasierten Geoökotopen* bzw. *Mikrochoren* beruht. Sie stellt wahrscheinlich das wichtigste Ergebnis der Arbeit dar, sie macht aber zugleich auch die Problematik der digitalen Kartenerarbeitungen klar. Diese Problematik liegt in den GIS und damit auch in den digitalen geoökologischen Karten selber begründet. Solange das Verfahren der

Überlagerung von Informationsschichten der Einzelparameter die Grundlage von digitalen geoökologischen Karten bildet, solange werden sie keine anderen Qualitäten erreichen als die hier (aber auch in Karten anderer Autoren) erzielten. Das bedeutet: Man ordnet geoökologische Prozesse in der Landschaft Einzelparametern oder einer Gruppe dieser zu, wobei dann – dies ist der methodische Kunstgriff – das Parameterareal als das Prozessareal betrachtet wird. Das kann manchmal zutreffen, manchmal aber eben nicht.

In dieser Hinsicht ergeben sich bereits in der topischen Dimension beträchtliche Diskrepanzen. Sie werden in der chorischen Dimension insofern größer, als die Areale von einer bedeutenden landschaftsökologischen Heterogenität bestimmt sind. Unabhängig von der geographischen Betrachtungsdimension muss man sich jedoch wieder einmal die *Geographische Realität* (bzw. die geoökologische Realität) ins Gedächtnis zurückrufen: Weil nämlich landschaftshaushaltliche Prozesse in einem sehr komplexen Zusammenhang auftreten und auch ablaufen, der zum Teil im oberflächennahen Untergrund spielt, in den nicht eingesehen werden kann, haftet solchen Aussagen ein relativ hoher Unsicherheitsgrad an. Nur teilweise kann – eben durch methodische Kunstgriffe – diese methodische Problematik dadurch "bewältigt" werden, dass mit Daten aus großen Maßstäben in Kleinmaßstäbe hineingegangen wird. Doch das ist nur eine Scheinlösung des Problems, die viele Unschärfen und Schiefheiten (dies im wahrsten Wortsinne) allenfalls unsichtbar macht.

Das Neue und zugleich Andere an dem vorgelegten Ansatz ist, dass die Ergebnisaussage eine *andere Zielrichtung* bekommt: Es werden *Bereiche geoökologischer Risiken* ausgewiesen, die vor allem für Land- und Forstwirtschaft bzw. Waldwirtschaft bestehen. Es sind aber auch die zahlreichen anderen Probleme des Natur- und Umweltschutzes sowie der Orts- und Regionalplanung, der Landes- und Landschaftspflege sowie beim Boden- und Klimaschutz von Interesse. Man kann sogar zu der Meinung gelangen, dass bei einem präziser formulierten Anwendungsprofil (das also seitens der Praktiker zu erstellen wäre [siehe oben in Kap. 2.2]), auch ein noch präziseres Resultat als das hier vorgelegte zu erzielen gewesen wäre.

Gleichwohl stellt die Dissertation mit den vorgelegten Ergebnissen für die Weiterentwicklung der digitalen *geoökologischen* Karten (besonders in Richtung der mittleren Maßstäbe und damit der chorischen Dimension) einen ganz bedeutsamen Baustein dar. Methodisch wichtig und zugleich interessant ist auch der Maßstabswechsel, wie der Vergleich der prozessbasierten Geoökotope und der prozessbasierten Mikrochoren in Gestalt der Risikokarten belegt. Dieses maßstabsübergreifende Arbeiten kann nicht hoch genug eingeschätzt werden. Bemerkenswert ist auch der Schritt zur "Eignungskarte für Ackerbau und Rebbau mit ökologischen Schutzzonen" (Karte 29), wo am konkreten Beispiel gezeigt wird, dass mit dieser Methode eine einfache, raumbezogene und zugleich im Maßstab von fast 1: 25'000 präzise Aussage möglich ist. Dies wäre (neben den anderen Risikokarten) ein Ergebnis, das in der Praxis direkt eingesetzt werden könnte. – Nachdem diese Dissertation existiert ist es jedenfalls klarer, auf welche Weise digitale geoökologische Karten in Maßstäben von 1 : 25'000 bis 1 : 50'000 (also mit den Hauptdarstellungsmöglichkeiten für die chorische Dimension) zu erarbeiten sind und wo man künftig methodische, aber auch anwendungspraktische Schwerpunkte setzen muss.

3 Zusammenfassung

Der Artikel stellt die Dissertation M. MENZ (2001) in den Rahmen der Theorie der landschaftsökologischen bzw. geoökologischen Forschung, was bewusst über die Arbeiten der FORSCHUNGSGRUPPE LANDSCHAFTSANALYSE UND LANDSCHAFTSÖKOLOGIE BASEL (= FLB)[4] hinausführen soll. Es wird gezeigt, dass in der Dissertation zentrale

---

[4] Auch dieses Verzeichnis kann von der Homepage des Geographischen Instituts der Universität Basel (http://www.gib.unibas.ch) abgerufen werden.

Probleme der beiden Fachbereiche angegangen werden – vor allem das Problem der geographischen Betrachtungsdimensionen und deren Konsequenzen für digitale geoökologische Karten. Besonders durch den Übergang von der topischen zur chorischen Dimension werden allgemein bestehende methodische Probleme sichtbar, für die noch zahlreiche Forschungsdefizite existieren. Die in der Forschung vieler Fachwissenschaften sich zunehmend zeigende Tendenz, Modelle zu verfeinern und das Sachproblem außer acht zu lassen, lenkt z.T. von wichtigen geoökologischen Forschungsproblemen in der landschaftlichen Realität ab. Das bedeutet nicht nur ein weiteres Voranschreiten der Spezialisierung an sich, sondern bewirkt für die an sich holistisch ansetzenden ökologischen Wissenschaften eine Abkehr von ihrer Basisphilosophie. Das ist in einer Welt, die zunehmend komplexer wird und damit zugleich schwieriger zu verstehen ist, gerade der falsche Weg.

4 Danksagung

Herrn Dr. MARIUS MENZ danke ich für eine mehrjährige aufmerksame Zusammenarbeit. Er stieg – sozusagen von der Seite her – in das an sich schon laufende Biodiversitätsprojekt des SPPU (Schwerpunktprogramm Umwelt) ein, das jedoch aus externen Gründen für uns gestoppt wurde. Zu groß waren die Dimensionsunterschiede zwischen den geo- und biowissenschaftlichen Ansätzen. Das gerade deswegen notwendige transdisziplinäre Gespräch kam leider nicht zustande – die "Sprachunterschiede" waren zu groß. Es wäre die von M. MENZ bearbeitete Dimensionsproblematik, die eine Gesprächsbasis hätte abgeben können. Dazu wären auch die beiden anderen Dissertation dieses Projekts – gemeint sind die von B. SPYCHER (1997) und P. OGERMANN (1999)] – geeignet gewesen. Dank sei also all jenen gesagt, die sich gleichwohl direkt oder indirekt an den Dimensionsdiskussionen beteiligt haben. Erwähnen möchte ich auch PD Dr. DANIEL SCHAUB, der sich speziell auch um unsere "Biodiversitätsdoktoranden" gekümmert hat. – Dem Dank meines Doktoranden

MENZ an die Emilia-Guggenheim-Schnurr-Stiftung, die Mathieu-Stiftung und die Freiwillige Akademische Gesellschaft möchte ich mich mit einem großen und herzlichen Dankeschön für die unbürokratische Förderung der Doktorarbeit anschließen.

5 Literatur

BAILEY, R. G.: Ecosystem Geography. - New York - Berlin - Heidelberg 1996, 1 - 204.

DIE ERDE, Zeitschrift der Gesellschaft für Erdkunde zu Berlin: Diskussionsbeiträge zum Artikel: Lethmate, Jürgen 2000: Ökologie gehört zur Erdkunde – aber welche? Kritik geographiedidaktischer Ökologien. - DIE ERDE 131 (1): 61 - 79. - In: DIE ERDE 131 (4): 351 - 395.

DRÄYER, D.: GIS-gestützte Bodenerosionsmodellierung im Nordwestschweizer Tafeljura - Erosionsschadenskartierungen und Modellergebnisse. - = Physiogeographica, Basler Beiträge zur Physiogeographie, Bd. 22, Basel 1996: 1 - 234.

DUTTMANN, R.: Partikuläre Stoffverlagerungen in Landschaften. Ansätze zur flächenhaften Vorhersage von Transportpfaden und Stoffumlagerungen auf verschiedenen Maßstabsebenen unter besonderer Berücksichtigung räumlich-zeitlicher Änderungen der Bodenfeuchte. - = Geosythesis 10, Hannover 1999: 1 - 234.

GEOGRAPHISCHES INSTITUT UNIVERSITÄT BASEL, FORSCHUNGSGRUPPE BODENEROSION BASEL: Verzeichnis der Arbeiten 1974 - 2001 (Stand Januar 2001). - Basel: 1- 15. [Als Manuskript vervielfältigt].

GEOGRAPHISCHES INSTITUT UNIVERSITÄT BASEL, FORSCHUNGSGRUPPE LANDSCHAFTSANALYSE BASEL: Verzeichnis der Arbeiten 1974 - 2001 (Stand Mai 2001). - Basel: 1 - 15. [Als Manuskript vervielfältigt]

HERZ, K.: Beitrag zur Theorie der landschaftsanalytischen Maßstabsbereiche. - In: Petermanns Geographische Mitteilungen *117* (1973): 91 - 96.

HERZ, K.: Ein geographischer Landschaftsbegriff. - In: Wissenschaftliche Zeitschrift Technische Universität Dresden, Bd. 43 (1994): 82 - 89.

HUBER, M.: The Digital Geoecological Map. Consepts, GIS methods ans case studies. - = Physiogeographica, Basler Beiträge zur Physiogeographie, Bd. 20, Basel 1995: 1 - 144.

ISRINGHAUSEN, S., R. DUTTMANN & TH. MOSIMANN: Überprüfung räumlich differenzierter Prognosen erosionsbedingter Stofftransporte durch Feldbeobachtungen. - In: Wasser & Boden *51*(1999): 25 - 32.

LESER, H.: Zum Ökologie-, Ökosystem- und Ökotopbegriff. - In: Natur und Landschaft *59* (1984): 351 - 357.

LESER, H.: Landschaftsökologie. Ansatz, Modelle, Methodik, Anwendung. Mit einem Beitrag zum Prozess-Korrelations-Systemmodell von Thomas Mosimann. - = UTB 521, 4. Auflage, Stuttgart 1997: 1 - 644.

LESER, H.: Das landschaftsökologische Konzept als interdisziplinärer Ansatz - Überlegungen zum Standort der Landschaftsökologie. - In: Petermanns Geographische Mitteilungen, Ergänzungsheft 294, Gotha - Stuttgart 1999: 65 - 88.

LESER, H. & R. SCHNEIDER-SLIWA: Geographie - eine Einführung. - = Das Geographische Seminar, Braunschweig 1999: 1 - 248.

MARKS, R., M. J. MÜLLER, H. LESER & H.-J. KLINK (Hrsg.): Anleitung zur Bewertung des Leistungsvermögens des Landschaftshaushaltes (BA LVL). - = Forschungen zur deutschen Landeskunde 229, Trier 1989: 1 - 222.

MOSIMANN, TH.: Landschaftsökologische Komplexanalyse. - = Wissenschaftliche Paperbacks Geographie, Stuttgart 1984: 1 - 115.

NEEF, E.: Dimensionen geographischer Betrachtungen. - In: Forschungen und Fortschritte, *37* (1963): 361 - 363.

NEEF, E.: Die theoretischen Grundlagen der Landschaftslehre. - Gotha 1967: 1 - 152.

NEUMEISTER, H.: Heterogenität – Grundeigenschaft der räumlichen Differenzierung in der Landschaft. - In: Petermanns Geographische Mitteilungen, Ergänzungsheft 294, Gotha - Stuttgart 1999: 89 - 106.

OGERMANN, P.: Mikrobielle Aktivität, Stoffumsatz und Nährstoffversorgung auf Magerrasenstandorten unterschiedlicher Vegetationszusammensetzung und Produktivität. - = Physiogeographica, Basler Beiträge zur Physiogeographie, Bd. 27, Basel 1999: 1 - 199.

RICHLING, A. & J. SOLON: Ekologia krajobrazu. - Warszawa ^{2}1996: 1 - 319.

SCHNEIDER-SLIWA, R., D. SCHAUB & G. GEROLD (Hrsg.): Angewandte Landschaftsökologie. Grundlagen und Methoden. Mit einer Einführung von Professor Dr. Klaus Töpfer, Exekutivdirektor UNEP/UNCHS-HABITAT). - Berlin - Heidelberg - New York 1999: 1 - 560.

SPYCHER, B.: Skalenabhängigkeit von Boden-Pflanze-Beziehungen und Stickstoffhaushalt auf einem Kalktrockenrasen im Laufener Jura (Region Basel). - = Physiogeographica, Basler Beiträge zur Physiogeographie, Bd. 24, Basel 1997: 1 - 126.

Die Digitale Geoökologische Risikokarte

Prozessbasierte Raumgliederung am Blauen-Südhang im Nordwestschweizerischen Faltenjura

Inauguraldissertation

zur Erlangung der Würde eines
Doktors der Philosophie
vorgelegt der
Philosophisch-Naturwissenschaftlichen Fakultät
der Universität Basel
am 29. Juni 1999

von

Marius Menz

aus

Arlesheim (BL)

Basel, 2001

Genehmigt von der Philosophisch-Naturwissenschaftlichen Fakultät auf Antrag der Herren

Prof. Dr. Dr. h. c. H. Leser (Basel) und Prof. Dr. K. Graf (Zürich)

Basel, den 29. 6. 1999

Prof. Dr. A. Zuberbühler

Dekan

Inhaltsverzeichnis　　　　　　　　　　Seite

Inhaltsverzeichnis iii

Verzeichnis der Abbildungen vii

Verzeichnis der Tabellen ix

Verzeichnis der Karten im separaten Kartenband xi

Verzeichnis der verwendeten Abkürzungen xiv

Vorwort und Dank xv

1. Einleitung

1.1　Aus der internationalen geoökologischen und landschaftsökologischen Forschung 1

1.2　Landschaftsökologische Forschung am Departement Geographie der Universität Basel 2

1.3　Die landschaftsökologische Einbindung der vorliegenden Arbeit
　　　1.3.1　Forschung und Praxis 3
　　　1.3.2　Geoökologische Raumgliederung 3

1.4　Definitionen einiger Begriffe 5

1.5　Ziele und Hypothesen
　　　1.5.1　Zielsetzungen der Arbeit 10
　　　1.5.2　Hypothesen 11

2. Untersuchungsraum

2.1 Naturräumliche Einordnung des Untersuchungsgebietes 13

2.2 Klimatische Einordnung des Untersuchungsgebietes . . 18

3. Methodisches Grundkonzept

3.1 Datengrundlage 24

3.2 Datengüte 28

3.3 Massstabsproblematik 30

3.4 Methodisches Vorgehen 35

4. Datenverarbeitung im Geographischen Informationssystem (GIS)

4.1 Das digitale Höhenmodell und die Reliefanalyse 45

4.2 Generalisierung und Digitalisierung 50

4.3 Import und Reklassifikation 52

4.4 Einzelkarten und Synthese
    4.4.1 Einzelkarten 62
    4.4.2 Synthesekarten 63
    4.4.3 Das Teilgebiet Nenzlingen 67

4.5 Verwendete Modelle.. 69
    4.5.1 Bodenerosionsmodell 70
    4.5.2 Kaltluftmodell 71
    4.5.3 Strahlungs- oder Besonnungsmodell 75
    4.5.4 Bodenfeuchtemodell 77
    4.5.5 Nährstoffhaushalt 80

5. **Geoökotop- und Geoökochoren-Ausgliederung**

5.1 Geoökotop-Ausgliederung und geoökologische Risikokarten 83

5.2 Ökotopgefüge und Mikrochoren 92

5.3 Mesogeoökochoren – Die chorische Risikokarte 104

5.4 Der Schritt in regionische Skalen 107

6. **Bewertung der Ergebnisse**

6.1 Diskussion der Komplexkarten 109

6.2 Praktische Anwendungsbeispiele 118

6.3 Übertragbarkeit der gewählten Methodik 130

6.4 Anleitung für eine praktikable und rasch durchführbare Kartierung geoökologischer Einheiten 131

6.5 Kontrolle im Gelände – Grenzen der Methodik 134

6.6 Fazit 137

7. **Schlussbetrachtung und Ausblick**

7.1 Erkenntnisse aus der Arbeit

    7.1.1 Allgemeines 138
    7.1.2 Antworten auf die Arbeitshypothesen und Zielsetzungen 138

7.2 Nutzen für die Praxis

    7.2.1 Land- und Forstwirtschaft 140
    7.2.2 Raumplanung 140
    7.2.3 Raumbewertung 141
    7.2.4 Landschaftsschutz 146

7.3 Ausblick 152

8. Zusammenfassung

    8.1   Zusammenfassung 153

    8.2   Summary 158

9.   Literaturverzeichnis 162

Verzeichnis der Abbildungen

Abb. 2-1: Das Untersuchungsgebiet (UG) Blauen in der Region Basel 13
Abb. 2-2: UG Blauen-Südhang (Ostteil) – Blick aus Südosten 15
Abb. 2-3: UG Blauen-Südhang (Westteil) – Blick aus Südosten 16
Abb. 2-4: Anstehender Kalkstein auf der Nenzlinger Weide 17
Abb. 2-5: Niederschlagsmenge und -tage für ausgewählte Stationen im Untersuchungsgebiet oder in dessen näherer Umgebung 19
Abb. 2-6: Restwolke am Hang bei Nenzlingen 20
Abb. 2-7: Mittlere Windgeschwindigkeit an den Messstationen Nenzlinger Weide und Basel-Binningen für 1995 23

Abb. 3-1: Prozentualer Flächenanteil der im Untersuchungsgebiet Blauen auftretenden Bodentypen 25
Abb. 3-2: Graphische Modelle der abiotischen Subsysteme des Landschaftsökosystems 27
Abb. 3-3: Das Prinzip der Verknüpfung von Struktur- und Prozessgrössen zur funktionalen Charakterisierung der Ökotope 38
Abb. 3-4: Grenzfindung von Ökotopen in verschiedenen Landschaftstypen 39

Abb. 4-1: Konvexe Wölbung der Blauenweide 48
Abb. 4-2: Prozentualer Flächenanteil der Expositionsklassen 50
Abb. 4.3: Prozentualer Flächenanteil der Neigungsklassen 54
Abb. 4-4: Prozentualer Flächenanteil der Bodenartklassen 55
Abb. 4-5: Prozentualer Flächenanteil der Vegetationsklassen 57
Abb. 4-6: Auenwald unterhalb Zwingen 58
Abb. 4-7: Blick von der Blauenweide auf das Dorf Blauen (1982) .. 59
Abb. 4-8: Blick von der Blauenweide auf das Dorf Blauen (1998) .. 59

Abb. 4-9: Aufgeforsteter Nadelwald in der Schneise einer Hochspannungsleitung ... 60
Abb. 4-10: Mesobrometum ob Dittingen ... 61
Abb. 4-11: Messfeld Nenzlinger Weide ... 68
Abb. 4-12: Blick von der Nenzlinger Weide nach Osten ... 68
Abb. 4-13: Blick auf den Kaltluftsee im Laufener Becken ... 73
Abb. 4-14: Prozentualer Flächenanteil der Besonnungsklassen ... 76
Abb. 4-15: Prozentualer Flächenanteil der pH-Klassen ... 82

Abb. 5-1: Ablaufschema des topischen Gliederungsverfahrens ... 88
Abb. 5-2: Prozentualer Flächenanteil der im Untersuchungsgebiet berücksichtigten geoökologischen Risiken ... 91
Abb. 5-3: Ablauf des mikrochorischen Gliederungsverfahrens ... 98
Abb. 5-4: Prozentualer Flächenanteil der im Untersuchungsgebiet vorkommenden Mikrochorentypen ... 101

Abb. 6-1: Digitale Abfrage am Bildschirm mit Hilfe der "Query-Map"-Funktion von SPANS ... 110
Abb. 6-2: Rebbau in der östlichen Hard ob Zwingen ... 119
Abb. 6-3: Erosionsschäden in einem als erosionsgefährdet bezeichneten Geoökotop ... 136

Abb. 7-1: Ablaufschema von der Landschaftsanalyse über Landschaftsdiagnose, -prognose, -planung bis zur Landschaftsbehandlung ... 142
Abb. 7-2: Die Blauenweide: Objekt des BLN-Inventars ... 146
Abb. 7-3: Kantonal geschützte Eiche auf der Blauenweide ... 147
Abb. 7-4: Herrliche alte Ulmengruppe auf der Blauenweide ... 148
Abb. 7-5: Neue Siedlungen verdrängen zunehmend die Obstwirtschaft in Nenzlingen ... 148
Abb. 7-6: Ackerbau bis ans Birsufer heran (Auengebiet bei Zwingen) ... 150
Abb. 7-7: Eggfluhtunnel im Bau (Umfahrung Grellingen) ... 151

Verzeichnis der Tabellen

Tab. 1-1: Die landschaftsökologischen Dimensionsstufen 8

Tab. 4-1: Vorgehen beim Bilden der Hydroreliefklassen 49
Tab. 4-2: Klassen der Hangneigung und der Bodenart 53
Tab. 4-3: Klassen (Grundtypen) realer Vegetation 56
Tab. 4-4: Für die vorliegende Arbeit verwendete Parameter 62
Tab. 4-5: Klassenbildung bei den verwendeten Eingangsgrössen 64
Tab. 4-6: Reliefbedingte Frostgefährdungsstufen 72
Tab. 4-7: Im Bodenfeuchtemodell verwendete Eingangsgrössen und deren Bewertung 78
Tab. 4-8: Klasseneinteilung der pH-Werte 81

Tab. 5-1: Miteinander verschnittene Prozesse und deren statische Kenngrössen 86
Tab. 5-2: Gewählte Grenzen zur Klassifikation der geoökologischen Kenngrössen 87
Tab. 5-3: Modellierte Prozesse, deren Eingangsparameter sowie deren Derivate 89
Tab. 5-4: Berücksichtigte Parameter zur Ausgliederung mikrochorischer Einheiten 96
Tab. 5-5: Mikrochorentypen – Bedeutung und Verbreitung 100
Tab. 5-6: Erläuterung zweier in mikrochorischer und mesochorischer Dimension verwendeter Begriffe 105

Tab. 6-1: Bewertungsschema für den Boden-Nährstoffgehalt 125
Tab. 6-2: Abflusskoeffizienten für verschiedene Bodenbedeckungen 127
Tab. 6-3: Minimalkatalog für eine prozessorientierte räumliche Gliederung in topischer Dimension 131

Tab. 6-4: Minimalkatalog für eine prozessorientierte räumliche Gliederung in chorischer Dimension 132

Tab. 7-1: Beziehungen zwischen Kartenmassstab, naturräumlichen Dimensionen und Nutzerbereichen von Naturraumkarten 145

Tab. 8-1: Methodik der Geoökotop-Ausgliederung in topischer und mikrochorischer Dimension 155

Tab. 8-2: Factors applicable for the definition of geo-ecotopes in the topic and microchoric scale. 160

Verzeichnis der Karten im separaten Kartenband

Karte 1	Gebietsübersicht "Blauen-Südhang"
Karte 2	Höhenstufen (50 m - Intervalle)
Karte 3	Orographische Einheiten
Karte 4	Lithologische Übersicht (nach P. BITTERLI: 1945)
Karte 5	Hangneigung (Klassen nach KA GÖK 25)
Karte 6	Exposition (30° - Sektoren)
Karte 7	Tal- und Gratbreite (UG West) [Berechnung siehe Kapitel 4.1]
Karte 8	Taltiefe und Grathöhe (UG Ost) [Berechnung siehe Kapitel 4.1]
Karte 9	Horizontale Kurvatur (siehe Kapitel 4.1)
Karte 10	Vertikale Kurvatur (siehe Kapitel 4.1)
Karte 11a	Reliefelemente unterschiedlicher Neigung (UG West) [siehe Kapitel 4.1]
Karte 11b	Reliefelemente unterschiedlicher Neigung (UG Ost) [siehe Kapitel 4.1]
Karte 12	Wölbungsformen (konkave und konvexe Bereiche; Formel siehe Kapitel 4.1)
Karte 13	Potentielle Versickerung (Berechnung siehe Kapitel 4.1)
Karte 14	Bodenart (Klassen nach KA GÖK 25)
Karte 15	Bodentypen (Systematik der DEUTSCHEN BODENKUNDLICHEN GESELLSCHAFT)
Karte 16	Reale Vegetation (Klassen nach KA GÖK 25)
Karte 17a	Humusgehalt im Oberboden (TG Nenzlingen)
Karte 17b	Boden-Gründigkeit (A- und B-Horizont) [TG Nenzlingen]
Karte 18	Erosionsanfälligkeit (Modell siehe Kapitel 4.5.1)
Karte 19	Kaltluftgefährdung (Modell siehe Kapitel 4.5.2)
Karte 20	Potentielle Besonnung (nach A. MORGEN: 1957; siehe Kapitel 4.5.3)
Karte 21	Relative Bodenfeuchte (Modell siehe Kapitel 4.5.4)

Karte 22	pH-Werte (Klassen nach KA GÖK 25)
Karte 23	Pedoökologisch problematische Areale
Karte 24a	Prozessbasierte Geoökotope (UG West)
Karte 24b	Prozessbasierte Geoökotope (UG Ost)
Karte 25	Infiltrationsklassen des Substrates
Karte 26	Prozessbasierte Mikrochoren (siehe Kapitel 5.2)
Karte 27	Strukturell ausgegliederte Mikrochoren (siehe Kapitel 5.2)
Karte 28	Mesochoren (risikobasiert) [siehe Kapitel 5.3]
Karte 29	Eignungskarte für Ackerbau und Rebbau mit ökologischen Schutzzonen (Berechnung siehe Kapitel 6.2: Beispiele 1 und 4)
Karte 30	Erosionsgefährdete Ackerschläge (Berechnung siehe Kapitel 6.2: Beispiel 2)
Karte 31	Ackerschläge mit Vernässungsgefahr (Berechnung siehe Kapitel 6.2: Beispiel 5)
Karte 32	Potentieller Boden-Nährstoffgehalt (TG Nenzlingen) [Berechnung siehe Kapitel 6.2: Beispiel 6]

Bemerkungen zur Qualität der beiliegenden Karten (Kartenband)

Aus programm- sowie drucktechnischen Gründen genügen die erstellten Karten nicht den höchsten Qualitätsansprüchen. Wo ein Farbdruck nicht unbedingt erforderlich war, wurde schwarzweiss gedruckt. Die Karten 7 und 8 werden nur für den West- bzw. Ostteil des Untersuchungsgebietes veröffentlicht. Die fehlenden Teile sowie Karten der detaillierten Vegetationsaufnahme können beim Autor bezogen werden.

Reproduktionsbewilligung

Sämtliche Karten im Kartenband basieren auf dem Digitalen Höhenmodell 1: 25 000 (DHM 25) und der Pixelkarte 1: 25 000 (PK 25) des Bundesamtes für Landestopographie (L+T). Ihre Reproduktion erfolgt mit der Bewilligung der L+T vom 16. 1. 2001 (BA013057).

Verzeichnis der verwendeten Abkürzungen

ANETZ	Automatisches Messnetz der Schweizerischen Meteorologischen Anstalt (SMA)
BA LVL	Anleitung zur Bewertung des Leistungsvermögens des Landschaftshaushaltes (R. MARKS et al. [Hrsg.]: ^{2}1992)
BLN	Bundesinventar der Landschaften und Naturdenkmäler von nationaler Bedeutung
DHM	Digitales Höhenmodell
DHM 25	Digitales Höhenmodell des Schweizerischen Bundesamtes für Landestopographie (L + T). Es basiert auf den Höheninformationen der Landeskarten 1: 25 000.
GIS	Geographisches Informationssystem
GP Nr. xy	Bericht aus dem Geländepraktikum Nr. xy des Studienganges Geographie an der Universität Basel (wird zumeist bei unklarer Urheberschaft eines Fotos verwendet). Die Autorinnen und Autoren der GP sind am Schluss des Literaturverzeichnisses aufgelistet.
KA GÖK 25	Handbuch und Kartieranleitung Geoökologische Karte 1: 25 000 (KA GÖK 25) [H. LESER & H.-J. KLINK: 1988]
L + T	Bundesamt für Landestopographie, Wabern
MCR-LAB	Meteorology – Climatology – Remote Sensing – Laboratory (Institut für Meteorologie, Klimatologie und Fernerkundung der Universität Basel)
Pixel	Bildpunkt (picture element) eines Rasterbildes
PK25	Pixelkarte 1: 25 000; digitale topographische Karte der L+T
REKLIP	Regionales Klimaprojekt
SMA	Schweizerische Meteorologische Anstalt
SNF	Schweizerischer Nationalfonds zur Förderung der wissenschaftlichen Forschung
SPANS	Spatial Analysing System
TG	Teilgebiet
UG	Untersuchungsgebiet

Vorwort und Dank

Die vorliegende Dissertation entstand in den Jahren 1995 bis 1999 am Departement Geographie der Universität Basel. Während dieser Zeit war ich als Doktorand tätig, übernahm kleinere Institutsaufgaben und wurde durch ein Stipendium der **Stiftung Emilia-Guggenheim-Schnurr, Basel** finanziell unterstützt. Dem Präsidenten Dr. Harr sowie Dr. Henzi möchte ich an dieser Stelle ganz herzlich dafür danken. In der Schlussphase meiner Arbeit erhielt ich die finanzielle Unterstützung der Mathieu-Stiftung sowie der Freiwilligen Akademischen Gesellschaft Basel und der Jubiläumsstiftung der Basellandschaftlichen Kantonalbank. Deren Präsidenten Prof. Dr. Gäbler sowie Dr. Albrecht und Dr. Maeder möchte ich hiermit ebenfalls meinen Dank aussprechen.

Von folgender Seite wurden Beiträge an den Dissertationsdruck gesprochen: Werenfels-Fonds der Freiwilligen Akademischen Gesellschaft Basel, Basler Studienstiftung, Dissertationenfonds der Universität Basel, Geographisch-Ethnologische Gesellschaft Basel. Vielen Dank.

Herzlicher Dank gebührt sodann meinem Doktorvater Prof. Dr. Dr. h. c. Hartmut Leser (Departement Geographie der Universität Basel, Abteilung Physiogeographie und Landschaftsökologie). Er nahm mich in eine Forschungsgruppe auf, obwohl zunächst keine Finanzierung für meine Arbeit in Aussicht stand, und liess mir grosse Freiheit beim Ausarbeiten des von ihm iniziierten Themas.

Des weiteren danke ich meinem ehemaligen Betreuer meiner Diplomarbeit Prof. Dr. Kurt Graf (Geographisches Institut der Universität Zürich, Abteilung Physische Geographie und Sekundarlehrerausbildung) für die grosszügige Übernahme des Korreferates.

Unserer Mitarbeiterin Dr. Christa Kempel-Eggenberger danke ich für das Durchlesen des Manuskriptes und all die vielen guten Ratschläge und Ideen, ebenso Sabine Siegrist sowie Dr. Marion Potschin.

Leena Baumann danke ich für ihre kartographische Unterstützung und sonstige stete Hilfsbereitschaft, ebenso Paul Müller für seine handwerklichen Hilfeleistungen (Poster) sowie Alois Schwarzentruber.

Zahlreiche Doktorandinnen und Doktoranden sind mir mit Tat und Rat zur Seite gestanden, insbesondere Jochen Fröhlich und Simon Rolli mit ihren zahlreichen GIS-Tips, aber auch Dr. Christian Döbeli, Markus Jäggi, Stefan Meier, Dr. Petra Ogermann und Dr. Boris Spycher.

Françoise Hänggi und Anne Beer danke ich herzlich für ihre Hilfe bei der Übersetzung der Zusammenfassung ins Englische. Meinem Vater danke ich für seine grammatikalischen Tips. Ihm und meiner Mutter danke ich auch dafür, dass sie mir das Studium überhaupt erst ermöglichten und somit den Grundstein für diese Dissertation legten.

Der Verfasser ist froh, Edith Beisings immer wiederkehrende Frage, wann die Dissertation denn fertig sei, nun endlich mit "jetzt" beantworten zu können!

Basel, im Juli 2001   Marius Menz

1. Einleitung

1.1 Aus der internationalen geoökologischen und landschaftsökologischen Forschung

Die landschaftsöklogische Forschung hat ihren Ursprung im deutschsprachigen Raum. Die landschaftsökologischen Arbeiten von C. TROLL (1950), G. HAASE (1964 et al.), E. NEEF (1968 et al.), H.-K. PAFFEN (1953), H. RICHTER (1967) und J. SCHMITHÜSEN (1967) gelten heute als Standardwerke für die naturräumliche Gliederung unseres Lebensraumes, aber auch als Ausgangspunkt zur Erfassung der geosystemaren Zusammenhänge. Als neuere Werke sind hervorzuheben: L. FINKE (^{3}1996), H. KLUG & R. LANG (1983) sowie H. LESER (^{4}1997a).

In anderen Ländern – insbesondere im englischsprachigen Raum – wird etwas mehr "bio-zentriert" geforscht. "Landscape Ecology" orientiert sich an biologischen, aber auch geomorphologischen Vorgängen und Merkmalen. Erwähnenswert sind das neuere geoökologische Standardwerk von R. J. HUGGETT (1995) sowie die landschaftsökologischen Werke von R. T. T. FORMAN & M. GORDON (1986) aus der nordamerikanischen und Z. NAVEH & A. LIEBERMANN (^{2}1994) aus der europäischen Forschungsrichtung. Die naturräumliche Gliederung ist auch im englischsprachigen Raum ein wichtiges Thema. Sie wird meist mit "natural regionalization" (F.-K. HOLTMEIER: 1994; BAILEY et al.: 1985) bezeichnet.

Die "dynamische" Landschaftsökologie wird mittlerweile überall gefordert. Die im Landschaftshaushalt ablaufenden Prozesse spielen dabei eine Hauptrolle, ihre Modellierung und Erklärung sind ein Hauptziel der modernen Geoökologie und Landschaftsökologie. Eine Definition dieser Begriffe findet sich bei H. LESER (^{4}1997a). Damit einher geht auch die Notwendigkeit einer grossmassstäbigen, flächendeckenden geoökologischen Kartierung, welche zwar anerkannt, aber auch heute noch aus praktischen Gründen für undurchführbar gehalten wird (H. LESER 1980b: III).

1.2 Landschaftsökologische Forschung am Departement Geographie der Universität Basel

Seit 1974 existiert am Departement Geographie (vormals Geographischen Institut) der Universität Basel unter der Leitung von H. LESER die Abteilung Physiogeographie und Landschaftsökologie, und innerhalb derselben eine Forschungsgruppe Landschaftsanalyse. Die Frage nach der Extrapolation von punktuell vorgenommenen Messungen auf eine repräsentative Fläche, sowie das Problem der Relevanz verschiedener Geoökofaktoren auf den unterschiedlichen Massstabsebenen waren und sind zentrale Fragen und Aufgaben der hiesigen Forschung.

Auf den Grundlagen E. NEEFs und seiner Schüler wurde in Basel eine moderne landschaftsökologische Forschung aufgebaut, welche mit holistischem Ansatz dimensionsbezogen arbeitet und in den achtziger Jahren durch T. MOSIMANN immer prozessorientierter wurde. Trotz der im Mittelpunkt der Forschung stehenden "topischen" quantitativen Landschaftsökologischen Komplexanalyse (T. MOSIMANN: 1984) und dem Wunsch nach möglichst praxisbezogener Forschung wurde auch methodisch gewichtete Forschung in kleineren Massstäben betrieben.

Mit den Möglichkeiten der EDV der neunziger Jahre wurde der Ruf nach einer digitalen geoökologischen Karte, welche in den chorischen Massstab vordringt, immer lauter. Wichtige Vorarbeiten auf diesem Gebiet wurden in Basel durch M. HUBER (1992 und 1995) sowie – im Modellierbereich – durch D. DRÄYER (1996) und J. FRÖHLICH ET AL. (1994) geleistet.

Der direkte Bezug der Landschaftsökologie zum Umweltschutz und zu raumplanerischen Fragen (siehe auch Kapitel 7.3) zeigt eine politische Komponente auf, welche der Forschung – nebst den methodischen Problemen – auch gesellschaftliche abfordert (H. LESER 1997b: 181). Gewonnene Daten haben ohne weiteres praktische Konsequenzen für Landschaftsplanung, Natur- und Umweltschutz, Ackerbau und sonstige Boden- und Landschaftsnutzungen.

1.3 Die landschaftsökologische Einbindung der vorliegenden Arbeit

1.3.1 Forschung und Praxis

Die Landschaftsökologen an den Hochschulen bekommen immer wieder den Vorwurf zu hören, sie würden sich nur mit theoretischen Fragen auseinandersetzen und könnten keine Brücke zur Praxis schlagen. Natürlich ist es eine vorrangige Aufgabe der Universitäten, Grundlagenforschung zu betreiben und damit die Regeln und Massstäbe zu liefern, an denen die Praktiker ihre Messungen "eichen" können (H. LESER: mündliche Mitteilung). Darüber hinaus wird aber auch an der Hochschule oft sehr praxisbezogen geforscht, nur fehlt meist der Gedankenaustausch mit den Praktikern, die sich oft auch zu wenig um die Arbeiten an den Universitäten kümmern.

Viele Diplomarbeiten und Dissertationen – oft auch schon kleinere Semesterarbeiten oder Praktikumsberichte – liessen sich mit geringem Aufwand zur Lösung konkreter Fragestellungen heranziehen. Aus strukturellen Gründen (Personalmangel, geringe Praxiskontakte, Weggang der Absolventen etc.) ist dieser geringe Aufwand oft nicht zu leisten. Häufig versteht sich eine an der Hochschule entstandene Arbeit auch bloss als Methodik für praktische Anwendungen.

Dies gilt im weiteren Sinne auch für die vorliegende Dissertation. Auch sie befasst sich mit einer Methodik der landschaftsökologischen Forschung. Die Methodik ist theoretisch entstanden, orientiert sich aber an im Feld erhobenen Daten und ist direkt in die Praxis umsetzbar. In Kapitel 6.2 verweist der Autor auf einige Anwendungsmöglichkeiten der Ergebnisse und somit auf mögliche aufbauende oder weiterführende Arbeiten.

1.3.2 Geoökologische Raumgliederung

Die hierarchische Gliederung landschaftlicher Ökosysteme in ihre räumlich und funktional kleinsten Einheiten – die Geoökotope – war schon immer zentrales Anliegen der Landschaftsökologie. Derartige Raumgliederungen werden zunehmend auch von einer ökologisch ausgerichteten Planung gefordert, da sie eine wichtige Grundlage für ökologische Eignungs-, Belastungs- und Risikoanalysen darstellen (R. MARKS et al.[Hrsg.]: 1992[2]). Ein damit verbundenes Ziel der landschaftsökologischen Forschung ist – nebst dem besseren Verständnis der Zusammenhänge zwischen belebter und unbelebter Natur – der Schutz gefährdeter Gebiete und der Vollzug einer adäquaten, d.h. nachhaltigen Landnutzung.

Die vorliegende Arbeit befasst sich mit dem Problem räumlicher Einheiten. Ein spezielles Augenmerk fällt dabei dem Einfluss verschiedener Prozesse auf geoökologisch ähnliche Flächen zu. Die Frage nach einer angemessenen Landnutzung ist wichtig für diverse Planungen. Will man beispielsweise ein Biotop anlegen, einen Fussballplatz, einen Fitness-Parcours erstellen oder Gewerbeflächen ausscheiden, so stellt sich immer die Frage nach der ökologischen Verträglichkeit. Kaum jemand sollte Gewerbeflächen in einem Auengebiet planen, den Fussballplatz in ein Feuchtgebiet legen und Reben in einem Kaltluftsee pflanzen.

Trotzdem geschieht solcher Unsinn immer wieder. Einerseits, weil nicht nur ökologische Gesichtspunkte betrachtet werden, sondern auch ökonomische und politische, um mit einem Minimum an Aufwand Nutzungskonflikte zu lösen. Zum anderen geschieht dies aber auch schlicht aus mangelnder Kenntnis der geoökologischen Begebenheiten. Eine solche Kenntnis setzt in der Regel vorhandene Daten voraus; manchmal reichen für eine erste Einschätzung topographische und thematische Karten aus. Für detailliertere Abklärungen kommt man jedoch um Feldarbeit nicht herum. Die digitale Reliefanalyse, welche in dieser Arbeit eine wichtige Rolle spielt, vermag Messungen im Feld nicht zu ersetzen, wohl aber zu reduzieren.

Ein gelegentlich an geoökologisch Forschende herangetragener Vorwurf ist der, dass deren Raumgliederung nicht zweckbezogen sei, das heisst, es werde der Gliederung kein explizit formulierter Verwendungszweck zugrunde gelegt. Das ist falsch, weil es den Charakter der (auch hier praktizierten) ganzheitlichen, universell verwendbaren Raumgliederung verkennt.

So formulierte beispielsweise A. G. ISAČENKO (1965): „Das wichtigste Prinzip der räumlichen Gliederung ist die Anerkennung ihres objektiven Charakters. Die Ziele und Aufgaben der Gliederung der Erdoberfläche können sehr verschieden sein, aber die Grenzen der Naturregionen sind nicht von dieser Tatsache abhängig."

Die vorliegende Arbeit versucht, der Praxis eine Anleitung zu liefern, wie

– in relativ kurzer Zeit und mit vernünftigem Aufwand geoökologische Raumeinheiten – sog. Geoökotope (Definition siehe Kapitel 1.4) – abgegrenzt, gekennzeichnet und miteinander verglichen werden können,

– ein Gebiet chorischer Ausdehnung (z. B. in Einzugsgebietsgrösse) geoökologisch strukturell und prozessual "abgetastet" werden kann.

Besonderer Schwerpunkt sollen dabei geoökologische Risikoareale (Definition siehe weiter unten) sein. Die topischen und chorischen Einheiten werden schliesslich explizit nach potentiellen Risiken für Boden und Pflanzenwelt ausgegliedert.

Die Idee der Komplexkarte, welche zahlreiche Sachverhalte gleichzeitig darstellen kann, geht auf E. NEEF (1963) zurück. Vorteile der hier vorgestellten komplexen Geoökotopkarten sollen einerseits deren praxisbezogene, prozessuale Gewichtung sein, anderseits aber auch die offen gehaltene Möglichkeit, die Karte mit kleinem Aufwand nach individuellen Bedürfnissen anders zu gewichten.

1.4 Definitionen einiger Begriffe

Zunächst muss man sich über einige Begriffe klar werden, welche oft in unterschiedlicher Bedeutung gebraucht werden.

Ein *(Geo)ökotop* ist eine mit abiotischen und biotischen Parametern abgegrenzte (geo)ökologische Raumeinheit, welche nach Inhalt und Struktur in der topischen Dimension als homogen betrachtet wird. Die Geoökotope gleichen Typs müssen einheitlich verlaufende stoffliche und energetische

Prozesse aufweisen (H. LESER [4]1997a: 134, leicht verändert). Je nach Landschaftstyp und lokalen naturräumlichen Bedingungen weisen Geoökotope eine Grösse von ein paar Aren bis wenigen Quadratkilometern auf (T. MOSIMANN & R. DUTTMANN: 1992). I. S. ZONNEVELD (1979) definiert den Begriff *Ecotope* wie folgt: *„The smallest holistic land unit, characterised by homogeneity of at least one land attribute of the geosphere (atmosphere, vegetation, soil, rock, water etc.) and with 'non-excessive variation' in other attributes."*

Innerhalb eines Geoökotops – also der kleinsten landschaftsökologisch relevanten Raumeinheit – kann dem Postulat der Quasihomogenität entsprechend die gleiche Reaktion auf Störgrössen (z. B. anthropogene Stoffeinträge) erwartet werden. Somit werden Empfindlichkeit und Belastbarkeit von Ökosystemkompartimenten zu ökotopspezifischen Eigenschaften (M. HÜTTER 1996: 172). Gemäss H. LESER ([4]1997a: 199) können Geoökotope bezüglich der gesellschaftlichen Nutzung der Landschaft nicht weiter sinnvoll unterteilt werden, was als *Zweckmässigkeitsgrundsatz* bezeichnet wird.

H.-J. BAUER (1988: 97) definiert die geoökologischen Raumeinheiten wie folgt: *„...Teilbereiche der Kulturlandschaft..., die aufgrund ihrer stofflichen Struktur und des ihnen eigenen Wirkungsgefüges der (abiotischen und biotischen) Ökofaktoren unter den derzeitigen Nutzungsverhältnissen weitgehend homogene Strukturen, Eigenschaften und Funktionen aufweisen."* Obwohl die stoffliche Struktur der hier untersuchten Raumeinheiten nur unzureichend bekannt ist und die biotischen Ökofaktoren nur indirekt miteinbezogen werden (allenfalls fliessen sie in Form der Nutzungsarten in diverse Prozessmodelle mit ein), wird pragmatisch angesetzt und von geoökologischen Raumeinheiten gesprochen. Daher wollen wir in dieser Arbeit beim zentralen Begriff des *Geoökotops* bleiben.

Geoökotope sind auch im Zusammenhang mit dem Potential und Leistungsvermögen einer Landschaft zu betrachten. So schreibt R. MARKS et al. (1992: 108 ff.): *„Die **Ökotopbildungsfunktion** [Hervorhebung durch M. Menz] ist das Leistungsvermögen des Landschaftshaushaltes, durch Wechselwirkungen zwischen den abiotischen und biotischen*

Landschaftsbestandteilen ökologische Wirkungsgefüge (räumlich abgegrenzte Ökotope) zu bilden, die sich bis zu einem gewissen Grade selbst erhalten und regenerieren." Die Methodik der Ökotopbildungsfunktion wird von J.-F. VENZKE (1992: 170 ff.) angewendet.

Das *Ökosystem* wird nach H. LESER (^{4}1997a: 132, leicht verändert) wie folgt definiert: *„Eine sich aus abiotischen und biotischen Faktoren des Ökotops aggregierende Funktionseinheit der hochkomplexen realen Umwelt. Sie stellt ein sich selbst regulierendes Wirkungsgefüge dar, dessen offenes stoffliches und energetisches System sich in einem dynamischen Gleichgewicht befindet."* Eine ähnliche Definition findet sich bei Z. NAVEH & A. S. LIEBERMAN (^{2}1994).

Dimensionen sind Massstabsbereiche, die die gleiche inhaltliche Aussagekraft haben sowie gleiche Zielsetzungen und Methoden ermöglichen (H. KLUG & R. LANG 1983: 11). Die Dimensionsbegriffe *topisch* und *chorisch* (früher auch: *topologisch* und *chorologisch*) sowie deren Einheiten *Top* und *Chore* bzw. *Mikrochore, Mesochore* etc. werden in nachfolgender Tabelle 1 erläutert.

Dimension	Arealeinheiten	Forschungsobjekt	Vorherrschende Forschungsmethode
Topisch	Physiotop / Geoökotop / Ökotop	Anorganischer Partialkomplex Anorganisch-organischer Gesamtkomplex	Partialkomplexanalyse Landschaftsökologische Komplexanalyse
Chorisch	Mikrochore Mesochore	Kleinverband (charakteristisch angeordneter Tope) Hauptverband	Chorische Analyse und Synthese
Regionisch	Makrochore	Grossverband	
Geosphärisch	Megachore Georegion Geosphäre	Regionalverband Subzone / Zone (Kontinent) Hologäa	Regionalgeographische (zonale und azonale) Gliederung

Tab. 1-1: Die Landschaftsökologischen Dimensionsstufen (nach H. KLUG & R. LANG: 1983 und H. LESER: [4]1997a, leicht verändert)

Wichtig im Zusammenhang mit Raumgliederungsfragen sind ausserdem die Begriffe der *Naturräumlichen Ordnung (NO)* und der *Naturräumlichen Gliederung (NG)*. Die NO geht von landschaftsökologischen Grundeinheiten aus, welche induktiv ermittelt werden, wobei die inhaltliche Charakterisierung durch die Bestimmung der landschaftsökologischen Hauptmerkmale Bodenwasserhaushalt, Boden und Vegetation sowie aufgrund weiterer haushaltlicher Kennzeichnungen erfolgt (nach H. LESER [4]1997a: 212, leicht verändert).

Die NG fordert zwar auch ein induktives Arbeiten (vgl. J. SCHMITHÜSEN: 1953), in der Praxis weist sie jedoch stark deduktiven Charakter auf, vor allem in kleineren Massstäben, in denen die Verfahren auch gerechtfertigt sind. Bei der NG geht man von naturräumlichen Grundeinheiten aus, welche vorwiegend nach visuell wahrnehmbaren Geoökofaktoren oder auch nur nach Einzelmerkmalen derselben ausgeschieden werden (H. LESER [4]1997a: 209 ff., leicht verändert).

Der Begriff des *Geoökologischen Risikos* nimmt in der vorliegenden Arbeit eine zentrale Stellung ein. Obwohl er erst in Kapitel 5 zum tragen kommt, soll er hier kurz eingeführt werden. Unter geoökologischen Risiken versteht der Autor relativ grosse Wahrscheinlichkeiten für bestimmte Areale, von Prozessen betroffen zu sein, welche negative Auswirkungen auf das Geoökosystem oder zumindest einen Teil davon haben können. Der Begriff ist also einerseits immer an räumlich klar begrenzte Areale gebunden und anderseits nicht absolut quantifizierbar, weil oft nur qualitativ geschätzt. Ebenso grenzt er sich klar ab vom in Naturgefahrenkarten (z. B. in Lawinenkarten) verwendeten Begriff der Risikokarte, welche Risikoareale mittels Schadenserwartungswert in Geldsummen oder Anzahl zu erwartender Todesfälle ausweist.

Beispiele für geoökologische Risiken sind Bodenabtrag (Erosion durch Wasser oder Wind), Frost (Häufigkeit, Strenge, Zeitpunkt des Auftretens etc.), Wasser-, Licht- oder Nährstoffmangel für Boden und Vegetation etc.. All diese Risiken wirken sich natürlich unter verschiedenen Bodennutzungen etc.) unterschiedlich stark aus. So kann beispielsweise eine erhöhte Frostgefährdung für einen Parkplatz völlig belanglos sein.

Karten, welche derartige Risiken darstellen, werden in der vorliegenden Arbeit als *geoökologische Risikokarten* bezeichnet. Wenn in der Folge die Begriffe *Risiko*, *Gefährdung* oder *Gefahr* auftauchen, so geschieht dies nur, um mehr Abwechslung in die Sprache zu bringen. Gemeint wird in allen Fällen dasselbe. Gleichzeitig wird damit ausgedrückt, dass der Begriff des geoökologischen Risikos nicht exakt definiert werden kann.

1.5 Ziele und Hypothesen

1.5.1 Zielsetzungen der Arbeit

Die vorliegende Dissertation soll eine Methodik der Geoökotop- und Mikrochoren-Ausgliederung *in topischer bis chorischer Dimension* entwickeln und bewerten. Dabei geht es weniger um die konkrete Nutzung der neu erschlossenen Informationen im gewählten Untersuchungsgebiet, als vielmehr um die Gewährleistung der Übertragbarkeit der entwickelten Methodik auf Nachbargebiete (vgl. Kapitel 6.3). Voraussetzung ist jedoch, dass sie von ähnlicher Ausdehnung und Beschaffenheit ist wie das Testgebiet, und dass über sie ausreichendes Datenmaterial vorliegt. Eine solche Übertragung wird in dieser Arbeit nicht vorgenommen, weil das den Rahmen sprengen würde.

Die aus Praxisgründen bewusst minimal gehaltenen Anforderungen an die Datengrundlage der entwickelten Methodik werden in Kapitel 3 besprochen. Es werden somit folgende *Ziele* verfolgt:

1. Zweckmässige[1] Ausgliederung von Geoökotopen und Mikrochoren für ein Gebiet chorischer Dimension.

2. Darstellung der herausgearbeiteten räumlichen Einheiten in einem Geographischen Informationssystem (GIS) und Erstellen einer digitalen geoökologischen Risikokarte.

---

[1] Die erwähnte "Zweckmässigkeit" wird wie folgt umschrieben: Eine Geoökotop-Ausgliederung ist genau dann zweckmässig, wenn sie sich auf das im jeweiligen Betrachtungsmassstab unbedingt Notwendige beschränkt und erlaubt, mit Hilfe digitaler Methoden schneller und dennoch nicht weniger präzis zu geoökologischen Einheiten zu gelangen als auf "konventionellem" Weg, d.h. durch Kartierung und Messung im Feld. – Weitere Überlegungen zu dieser Problematik werden in Kapitel 3.3 angestellt.

3. Gewährleistung der Übertragbarkeit der gewählten Methodik auf benachbarte Räume.

4. Gewährleistung der Möglichkeit weiterer Vereinfachungen und Anpassungen für eine Geoökochoren-Ausgliederung in einem noch kleineren Massstab (z. B. 1: 100 000).

5. Praktische Anwendbarkeit der geoökologischen Risikokarte in digitaler wie auch analoger Form – direkt oder indirekt über zusätzliche Karten-Kombinationen – ohne grösseren Mehraufwand.

Punkt 4 ist deshalb wichtig, weil den Raumgliederungsmethodikern gerade das Abgrenzen räumlicher Einheiten für grössere Gebiete, insbesondere für ganze Regionen, bisher nicht befriedigend gelungen ist.

1.5.2 Hypothesen

Folgende Hypothesen liegen dieser Arbeit zugrunde:

1. Es ist möglich, mit Hilfe genügender Basisdaten und durch die Wahl einer adäquaten Methodik zu einer sinnvollen und nützlichen Ausgliederung geoökologischer Einheiten zu gelangen.

2. Die Anzahl der für diese Ausgliederung relevanten Parameter hängt vom betrachteten Massstab ab.

3. Mit kleiner werdendem Betrachtungsmassstab sinkt die Zahl der für die Gliederung zu berücksichtigenden Parameter, jedoch müssen chorisch relevante Prozesse (Windsysteme etc.) miteinbezogen werden.

> 4. Das primäre Vorgehen bei der räumlichen Gliederung in chorischer Dimension erfolgt auf induktivem Wege, d.h. vom Topischen zum Chorischen (siehe Definition NO, Kapitel 1.4). Dabei werden zunächst Tope ausgeschieden und diese über Mikrochoren zu Mesochoren zusammengefasst und ergänzt.

Die in Hypothese Nr. 3 angesprochenen chorischen Prozesse – z. B. Talwindsysteme, die von einem Hangwindsystem genährt, oder Wasserläufe, die durch mehrere Einzugsgebiete gespeist werden – angemessen zu berücksichtigen, stellt ein grosses methodisches Problem dar, zumal die meisten geoökologischen Messungen punktuell erfolgen und somit schon grundsätzlich vor allem für Untersuchungen in topischer Dimension geeignet sind (siehe C. KEMPEL: 2000). Ebenfalls ein chorisch wirksamer Prozess ist der Grundwasserstrom, welcher in dieser Arbeit wegen Datenmangels unberücksichtigt bleiben muss. Die zuletzt angestellten Überlegungen werden in Kapitel 3 näher erläutert. Auf die Hypothese Nr. 4 werden wir in Kapitel 7.2 zurückkommen.

2. Untersuchungsraum

2.1 Naturräumliche Einordnung des Untersuchungsgebietes

Das untersuchte Gebiet befindet sich im Nordwestschweizer Jura, etwa 15 km südsüdwestlich der Stadt Basel gelegen (Abbildung 2-1). Geologisch bildet es einen Ausschnitt der nördlichsten Jura-Antiklinale, aufgebaut durch Kalke des Hauptrogensteins, welche eine kofferartige Falte bilden (vgl. P. BITTERLI: 1945; sowie Kartenband dieser Arbeit: Karte 4); politisch gehört es seit ein paar Jahren weitgehend zum Kanton Basel-Landschaft.

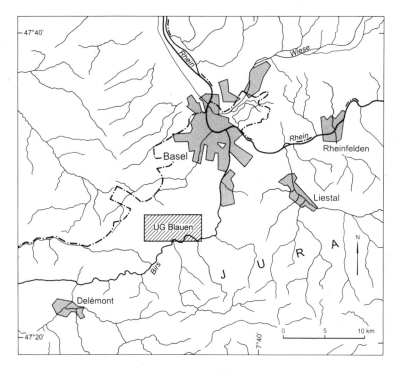

Abb. 2-1:   Das Untersuchungsgebiet (UG) Blauen in der Region Basel

Das gesamte Untersuchungsgebiet erstreckt sich über eine Fläche von gut 20 km², reicht von einer Höhenlage von 325 m ü. M. bis 837 m ü. M. (siehe Kartenband: Karte 2) und liegt nördlich der Birs, welche südlich von Nenzlingen ein gut 100 m tiefes Kerbtälchen in den Malmkalk eingeschnitten hat (W. A. GALLUSSER & P. KLÄGER: 1987). Diese recht nebelreiche Kaltluftrinne wird von Felsabbrüchen und Waldhalden flankiert und war verkehrstechnisch lange unerschlossen.

Das untersuchte Gebiet kann einerseits als mannigfaltig bezeichnet werden, da es sich aus mehreren Einzugsgebieten zusammensetzt und eine recht bewegte Topographie aufweist (Kartenband: Karten 1 und 3), anderseits fällt es mit Ausnahme des nördlichen Teils durch seine vorwiegende Südexposition auf und ist geologisch betrachtet mehr oder weniger homogen. Somit lässt es sich als Mittelding zwischen eindeutigen Flachlandschaften (wie beispielsweise die von G. HAASE (1991) untersuchten Räume Ostdeutschlands) und alpinen Reliefausschnitten bezeichnen, was für die Grösse der geoökologischen Einheiten nicht unwesentlich ist.

Das Untersuchungsgebiet hat einen Waldanteil von etwa 60 % und wird von Steilhängen (Hangneigung >15°) dominiert. In Siedlungsnähe wird es intensiv, sonst vorwiegend extensiv genutzt. Von besonderem ökologischen Wert sind seine Kalktrockenrasen, für welche sich ein Forschungsprogramm des Schweizerischen Nationalfonds (SNF) interessiert (siehe Kapitel 4.4.3). Das Kalkgestein als dominierendes Substrat ist für die weite Verbreitung der Rendzina verantwortlich (vgl. Kartenband: Karte 15). Häufigste Bodenarten sind Schluff und Lehm (vgl. Kartenband: Karte 14).

Das Gebiet des Blauens war übrigens würmeiszeitlich nie vergletschert, während der Risseiszeit jedoch von einer eigenen Eiskappe bedeckt.

Abb. 2-2: Untersuchungsgebiet Blauen-Südhang (Ostteil) von Südosten aus mit dem Dorf Nenzlingen (Foto: Marius Menz, März 1997)

In den untersten und obersten Höhenlagen dominiert der Wald, dazwischen liegt Ackerland und darüber Weideland.

Abb. 2-3: Untersuchungsgebiet Blauen-Südhang (Westteil) von Südosten aus mit dem Dorf Blauen (links) [Foto: Marius Menz, März 1997]

Auffallend ist der langgestreckte Blauengrat. Unten rechts erkennen wir gerade noch den mit Felsen durchsetzten Abhang zur Birs hinunter.

Gewählt wurde dieses Gebiet aus zwei Gründen: Erstens liegen mit zahlreichen Berichten aus Geländepraktika (GP[1]) sowie mit zwei Diplomarbeiten des Geographischen Institutes der Universität Basel aus den frühen achtziger Jahren Felddaten in hoher Auflösung vor. Zum zweiten liegt innerhalb dieses Gebietes die Nenzlinger Weide, welche im bereits erwähnten SNF-Projekt "Biodiversität" eine zentrale Rolle spielt und dank einer dort temporär installierten Klimastation für die vorliegende Arbeit besonders wertvoll ist.

---

[1] Die Autorinnen und Autoren der Geländepraktikaberichte werden im Anschluss an das Literaturverzeichnis (Kapitel 9) namentlich erwähnt.

Abb. 2-4: Anstehendes Kalkgestein im westlichen Teil der Nenzlinger Weide (Foto: Marius Menz, April 1998)

Die hier dominierde Bodenart, die Rendzina, weist nur eine sehr geringe Mächtigkeit auf und verhindert damit den Ackerbau.

Unser Untersuchungsgebiet ist wie folgt abgegrenzt:

– im Süden durch die Birs, die eine natürliche Begrenzung bildet; für die Kartenbearbeitung ist dies die 254 050-Koordinate.

– im Westen durch die Koordinate 603 200, nördlich des Blauengrates weiter östlich.

– im Norden durch die Koordinate 257 250 (mit Ausnahme der besagten Region im Nordwesten des Gebietes).

– im Osten schliesslich durch die Koordinate 610 600, ausser im südlichen Teil, wo der Grat der Eggfluh das Gebiet begrenzt.

Die Wahl der Grenzen ist ein Kompromiss zwischen natürlicher Landschaftseinheit und kartiertem Gebiet. Die Nordgrenze wurde absichtlich nördlich der auf dem Blauengrat verlaufenden Bezirksgrenze gewählt, da die Wasserscheide der Nenzlinger Birstalflanke an ihrem nördlichsten Punkt in den Bezirk Arlesheim hineinreicht (vgl. Kartenband: Karte 1).

2.2 Klimatische Einordnung des Untersuchungsgebietes

Die vorwiegende Südexposition des Gebietes wurde bereits erwähnt. Durch seine Höhenerstreckung erfasst es die kolline bis submontane Höhenstufe der feucht-gemässigten Breiten. Im Übergangsbereich zwischen dem recht trockenen Oberrheinischen Tiefland und dem bedeutend niederschlagsreicheren Hochjura gelangt es zusätzlich in den Einfluss der trockeneren innerjurassischen Becken (Laufener und Delsberger Becken) (P. OGERMANN, B. SPYCHER, D. SCHAUB & R. SOLLBERGER 1994: 92).

Als primäre Quelle für Klimadaten dient die langjährige Messreihe der Station Basel-Binningen mit einer Jahres-Mitteltemperatur von +9.3°C (Januar: +0.3°C; Juli: +18.4°C) [1901 - 1990] und einer jährlichen Niederschlagsmenge von 820 mm sowie durchschnittlich 82 Frosttagen pro Jahr im gleichen Zeitraum. Die Wärmeverteilung im Gebiet ist stark durch die Exposition geprägt. Die Bereiche ausserhalb des Birstaler Kaltluftsees sind generell klimatisch begünstigt.

Die jährlichen Niederschlagsmengen und -tage für zwei ausgewählte Stationen sind Abbildung 2-5 zu entnehmen.

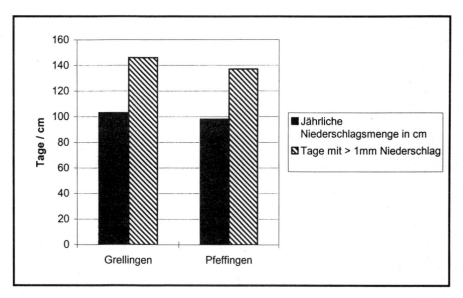

Abb. 2-5: Niederschlagsmenge und Anzahl Tage mit >1 mm Niederschlag für ausgewählte Stationen im Untersuchungsgebiet oder in dessen näherer Umgebung (Daten nach W. SCHÜEPP 1975 und SMA)

Im Vergleich zur Station Basel-Binningen liegen die Werte für Grellingen, das am Südfuss der Blauenkette liegt, um ca. 25 % (Menge) bzw. 15 % (Tage) höher, für Pfeffingen am Nordhang des Blauens um etwa 15 % bzw. 10 %.

M. MENZ (1993b) spricht nach eigenen Beobachtungen von recht intensiven Niederschlägen von oft nur kurzer Dauer, welche gerade bei Rückseitenwetter den nach Westen hin exponierten Hügelzug treffen. Die Unterschiede bezüglich Niederschlagsmenge zwischen Nord- und Südhang sind gering, da die Blauenkette parallel zur häufigsten Anströmungsrichtung (Westen) liegt und somit Luv- und Lee-Effekte eine eher untergeordnete Rolle spielen. Dennoch sind letztere im mikroklimatischen Bereich zu beachten, insbesondere im Zusammenhang mit örtlicher Nebelbildung und -auflösung im Hangbereich (Abbildung 2-6).

Abb. 2-6: Sich nach längerem Niederschlag auflösende Restwolke am Hang bei Nenzlingen. Blick von der Hauptstrasse zwischen Chessiloch und Zwingen (Foto: Marius Menz, Juli 1998)

Nebst diesem orographisch bedingten Nebel treffen wir im Laufental auch häufig auf sog. Strahlungs- oder Bodennebel (vgl. Abb. 4-13).

Von nicht zu unterschätzender Bedeutung ist der Einfluss der Birstalsohle als Kaltluftproduzent und Fliessweg chorischer Windsysteme. Ein nächtlicher Talabwind aus dem Birstal wurde schon von W. SCHÜEPP (1975) erwähnt. Das Kaltluftsammelbecken des Laufentals führt in Zwingen ausserdem zu mehr als 40 und in Grellingen immer noch zu 35 Nebeltagen pro Jahr (W. SCHÜEPP: 1975), während auf dem Blauengrat kaum zehn solcher Tage zu erwarten sind. *(Anmerkung: Die im Birstal oberhalb Laufen gelegene Station Delémont registriert im Jahr mehr Nebeltage als Olten im Mittelland. Allerdings ist dabei auch der austauschhemmende Einfluss des Delsberger Beckens zu berücksichtigen).*

R. L. MARR (1970) beobachtete, dass der Kaltluftsee im Laufental (vgl. Abbildung 4-9) – und mit ihm auch der Nebel – bei der Stelle "Chessiloch" (Übergang in den Klusbereich; vgl. Kartenband: Karte 1) sein plötzliches Ende findet. Ausserdem gibt es im Untersuchungsgebiet einige kleinere Kaltluftseen. Der Bedeutendste befindet sich möglicherweise auf dem Strängenfeld, das von einem dichten Waldrand umgeben ist, welcher die Kaltluft staut (vgl. GP 108 1982: 64).

Leider sind keine Daten bezüglich Frosthäufigkeit im Birstal zwischen Grellingen und Zwingen vorhanden. M. JÄGGI (1995) erfasste mit einer temporären Messstation auf der Nenzlinger Weide (siehe Kapitel 4.4.3 sowie Kartenband: Karte 1) oberhalb Nenzlingen auf ca. 500 m ü. M. (Südwest-Exposition; Hangneigung: 17°) im Jahre 1995 88 Frosttage (Basel-Binningen: 66 Frosttage). Dieser recht grosse Unterschied überrascht etwas und könnte zur Annahme verleiten, dass er nicht nur durch den Höhenunterschied von knapp 200 Metern zustande kommt, sondern der Birstaler Kaltluftsee bisweilen eine Mächtigkeit von bis zu 200 Metern aufweisen kann. Detaillierter untersucht wurde dies jedoch nicht.

Aus landschaftsökologischer Sicht ist das Klima während der Vegetationszeit wesentlicher als die winterlichen Verhältnisse. Dennoch ist zu erwähnen, dass das Industriegebiet von Zwingen innerhalb des Birstaler Kaltluftsees liegt, was natürlich besonders bei winterlichen Inversionslagen zu einer unerwünschten Ansammlung von Schadstoff-Emissionen führt.

Mit Hilfe eines vom MCR-LAB im Rahmen des Regionalen Klima-Projektes (REKLIP) auf dem Blauenkamm in 765 m Höhe (siehe Kartenband: Karte 1) installierten Windmastes wurde in den vergangenen Jahren bei den Starkwinden (>10 m/s) eine erhebliche Dominanz (95 %) der Windrichtung Südwest festgestellt. Das gleiche Resultat liefert eine Station im Birstal unterhalb Dittingen. Bei den Schwachwinden (<3 m/s) sind die Richtungen ausgeglichen verteilt. Nimmt man alle Winde zusammen, so ist die Richtung Südwest mit einem Anteil von 30 % vorherrschend, aber auch Nordwinde treten häufig auf, besonders tagsüber.

Die Station Zwingen, in der Talachse des Laufentals gelegen, zeigt die für Juratäler typische Ausprägung eines Berg-/Talwindsystems, das eine Kanalisierung entlang der Talachse bewirkt (U. FEHRENBACH: 1999, 140 ff.). U. FEHRENBACH weiter: *„Im Sommer ist aufgrund der stärker ausgeprägten konvektiven Prozesse der Anteil des Talwindes leicht erhöht. Die Häufigkeit der Bergwinde, die an dieser Station aus südwestlichen Richtungen wehen, nimmt im Winter deutlich zu (...).“*

Die Messstation auf der Nenzlinger Weide (5m-Windmast; vgl. Kartenband: Karte 1) zeigt im Vergleich mit der offiziellen meteorologischen Messstation in Basel-Binningen deutlich geringere Windgeschwindigkeiten (Abbildung 2-7). Die mittleren Windgeschwindigkeiten für die einzelnen Monate betragen im Durchschnitt nur etwa ein Drittel der Windstärken in Basel-Binningen. Diese Werte zeigen, dass die Station von Nenzlingen vor allem gegenüber Winden aus Nordwest – aber auch westlichen Richtungen – geschützt liegt. Vorherrschende Windrichtung auf der Nenzlinger Weide ist Westsüdwest, was einerseits durch die Ausrichtung des Birstales zwischen Laufen und Grellingen begünstigt wird, anderseits auch durch die Thermik am südwestexponierten Hang der Nenzlinger Weide.

Leider beziehen sich die verwendeten Daten nur auf ein einziges Jahr und dürfen daher nicht absolut beurteilt, sondern nur in Relation mit anderen Stationen bewertet werden. Grössere Herbststürme beispielsweise scheinen im Beobachtungsjahr ausgefallen zu sein.

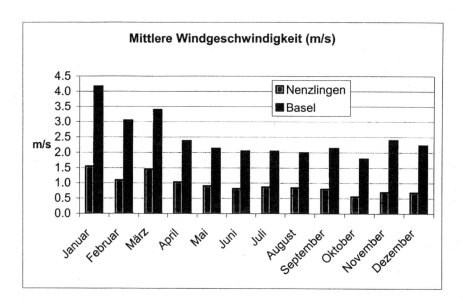

Abb. 2-7: Mittlere Windgeschwindigkeit an der Messstation Nenzlinger Weide und der ANETZ-Station Basel-Binningen für die einzelnen Monate des Jahres 1995 (Quellen: Annalen der Schweizerischen Meteorologischen Anstalt 1995; Rohdaten für Nenzlingen von M. JÄGGI)

Auffallend sind die in allen Jahreszeiten deutlich geringeren Windgeschwindigkeiten in Nenzlingen gegenüber Basel (wie oben erläutert).

3. Methodisches Grundkonzept

3.1 Datengrundlage

Als Grundlage für die vorliegende Arbeit dienen Felddaten, welche zu Beginn der 80er Jahre von Studierenden des Geographischen Instituts der Universität Basel im Rahmen von Geländepraktika und Diplomarbeiten aufgenommen wurden. In insgesamt 16 Teilgebieten wurden im Massstab 1:5 000 folgende Daten erhoben: *Bodenart, Bodentyp, Bodenform, pH, Humusform, Horizontmächtigkeiten, Bodenfeuchte, Kalkgehalt, Dichte, Gefüge, Porosität und Durchwurzelung, Vegetation/Landnutzung, Gestein (Substrat), geomorphographische Merkmale, potentielle Einstrahlung* und *Kaltluftverbreitung*. Schliesslich wurden daraus als Synthese *Geoökotopkarten* erstellt.

In den zwei grösseren Teilgebieten, welche im Rahmen von Diplomarbeiten (R. SOLLBERGER: 1982; M. GROB: 1985) untersucht wurden, kartierte man im Massstab 1: 10 000. Als zusätzliche Parameter wurden die Nährstoffe P, K, Mg, Ca sowie der Humusanteil und die Korngrössenverteilung prozentual im Labor bestimmt, wie auch die Dichte und der pH-Wert. Generell dürften diese Daten präziser sein als diejenigen aus den Praktika. (Zum Problem grossmassstäbiger geoökologischer Feldaufnahmen siehe auch H. LESER: 1986).

Da die Protokolle der einzelnen Pürckhauer-Messpunkte der Feldaufnahmen nicht mehr vorhanden waren, musste mit den daraus bereits abgeleiteten Flächendaten gearbeitet werden. Die aus den primären Punktdaten resultierenden Flächen wurden als Pedotope und Vegetationseinheiten digitalisiert. Jedes solche Areal enthält genau *eine* Grube, welcher diverse Bodendaten (pH, Gründigkeit etc.) entnommen wurden.

Wichtige Grundlagen zur Bodenkunde finden sich in H.-P. BLUME (^{2}1992), U. GISI (1990), D. SCHROEDER (^{3}1978) sowie in der Bodenkundlichen

Kartieranleitung der ARBEITSGRUPPE BODENKUNDE (^{3}1982). Sie liegen der Aufnahmemethodik der Geländepraktika zugrunde.

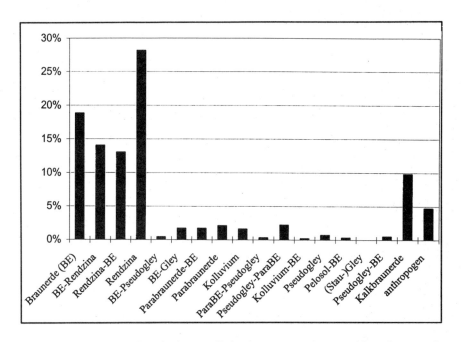

Abb. 3-1: Prozentualer Flächenanteil der im Untersuchungsgebiet Blauen auftretenden Bodentypen

Die Rendzina dominiert, Gleye und Pseudogleye treten nur sehr spärlich auf, was aufgrund der lithologischen Voraussetzungen sowie der südexponierten Hanglage nicht überrascht.

Abbildung 3-1 stellt die Verbreitung der einzelnen Bodentypen in unserem Untersuchungsgebiet dar (vgl. Kartenband: Karte 15). Nebst den Felddaten wurden auch andere Datenquellen beigezogen. Zur Hauptsache ist dies das Digitale Höhenmodell (DHM 25) des Blattes 1067 "Arlesheim" der Schweizerischen Landeskarte 1: 25 000. Aus ihm lassen sich sämtliche zu einer detaillierten Reliefanalyse benötigten Daten wie Neigung, Exposition, horizontale und vertikale Wölbung, aber auch Höhen und Breiten von Graten und Tälern, berechnen.

Das DHM 25 weist eine Maschenweite von 25 Metern auf und basiert auf Höhenwerten (Vektordatensatz). Ausserdem wurde die Pixelkarte 1: 25 000 des gleichen Kartenblattes verwendet. Auf ihr werden die in der landestopographischen Karte verwendeten Informationsschichten einzeln im Rasterformat dargestellt. Besonders nützlich sind Informationen wie Wald, Strassen, Siedlungen und Gewässer, welche zusammen als Basiskarte verwendet werden können. Weitere Datenquellen entstammen der Literatur und beziehen sich hauptsächlich auf die klimatologischen (M. JÄGGI: 1995; W. SCHÜEPP: 1975) und geologischen (P. BITTERLI: 1945) Verhältnisse im Untersuchungsgebiet.

Methoden der Fernerkundung wurden in der vorliegenden Arbeit nicht eingesetzt. Zwar wurden Luftbilder gesichtet und studiert, jedoch entfällt die Notwendigkeit ihrer Auswertung durch die grossmassstäbige Feldaufnahme. Eine Möglichkeit hätte der Verfasser beim Einsatz von Material aus neuester Zeit gesehen, mit dem Ziel, die heutige Landnutzung mit derjenigen aus der Zeit der Felderhebungen zu vergleichen. Damit nicht mit Boden- und Vegetationsdaten gearbeitet werden musste, welche in unterschiedlichen Jahrzehnten erhoben wurden, verzichtete der Autor darauf. Ein Vergleich zwischen heutigem und früherem Landschaftszustand wird später (Abbildungen 4-7 und 4-8) gezeigt. (Zum Einsatz von Fernerkundungsmethoden in der Landschaftsökologie siehe H. LESER: 1987a).

Nachfolgende Abbildung zeigt in vier graphischen Modellen das Zusammenspiel der einzelnen Parameter des Landschaftsökosystems anhand von Regelkreisen. Die im Untersuchungsgebiet Blauen gemessenen sowie direkt oder indirekt berechneten Grössen sind hervorgehoben und werden anschliessend erläutert.

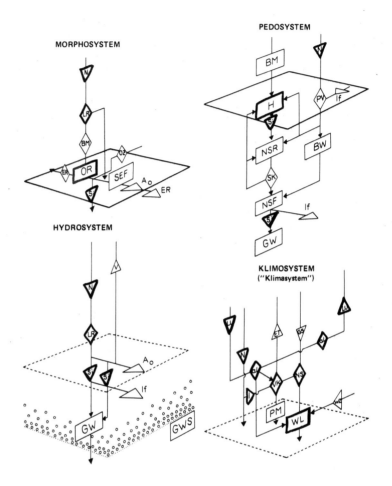

Abb. 3-2: Graphische Modelle der abiotischen Subsysteme des Landschaftsökosystems (aus H. LESER: 1984b)

Die Darstellung erfolgt über Prozess-, Regler- und Speichergrössen für einen dreidimensionalen Raumausschnitt, dessen Fläche ("Erdoberfläche") durch das perspektivische Rechteck repräsentiert wird.

Die in Abbildung 3-2 hervorgehobenen Grössen wurden (können) im Untersuchungsgebiet Blauen wie folgt ermittelt (werden):

Ausgetauschte Luftmenge (aL): Qualitativ über Kaltluftmodell und Winddaten.
Humus / Organische Substanz (H): Nur im Teilgebiet Nenzlingen erhoben.
Interzeption (I): Qualitativ aufgrund der Vegetation.
Lage im Relief (LR): Aufgrund des Höhenmodelles (Höhe, Neigung, Exposition).
Luftumsatz (LU): Qualitativ über Kaltluftmodell und Winddaten.
Niederschlag (N): Anhand der Daten der nächstgelegenen Klimastationen sowie qualitativ aufgrund der Lage im Relief.
Nettostrahlung (NS): Berechnung der potentiellen direkten Einstrahlung.
Oberflächenrückhalt (OR): Qualitativ aufgrund der Bodenart und Vegetation (BA LVL-Erosionsmodell).
Sickerung (Si): Qualitativ aufgrund der Bodenart und Vegetation (eigenes Feuchtemodell).
(Klimatisch mögliche Verdunstung (VK): Kann aus Klimadaten berechnet werden).
Wärme in der Luft (WL): Anhand der Daten der nächstgelegenen Klimastationen sowie qualitativ aufgrund der Lage im Relief (Höhe, Besonnung, Kaltluft).

3.2 Datengüte

Nicht zu unterschätzen bleibt die Frage nach der Qualität der vorliegenden Felddaten. Zum einen wurden sie durch noch nicht ausgereifte Wissenschafter erhoben, zum andern liegt diese Erhebung fast 20 Jahre zurück. Gerade bezüglich Vegetation und Nutzung dürfte sich einiges verändert haben, aber auch in anderen Bereichen, so beispielsweise bei den pH-Werten, welche durch den Sauren Regen vermutlich gesunken sind (siehe F. WILHELM [2]1993: 180 ff.).

Als dritten Punkt gilt es zu beachten, dass seinerzeit bei der Datenaufnahme noch kein Minimalkatalog (vgl. T. MOSIMANN 1987: 90) im Vordergrund stand, der sämtliche zur Geoökotop-Ausscheidung zu berücksichtigenden Parameter enthält. Immerhin stand als Ziel eine Geoökotop-Ausgliederung auch in diesen Arbeiten von Beginn weg fest. Trotz dieser Einschränkungen möchte der Autor mit den vorhandenen Daten guten Gewissens arbeiten, und zwar aus folgenden Gründen:

1. In der vorliegenden Arbeit steht die *Methodik* im Vordergrund – sowohl die theoretische wie in einem späteren Schritt auch die praktische mit digitalen Hilfsmitteln – womit das konkrete Untersuchungsgebiet etwas in den Hintergrund rücken muss. Das heisst, die Dissertation will keine geoökologische Planungskarte für das Testgebiet liefern, sondern primär die Basismethodik einer solchen entwickeln.

2. Die benutzten Felddaten wurden in topischer Dimension aufgenommen (1: 5 000 und 1: 10 000) und liegen daher in einer Auflösung vor, die der (meso-)chorischen Betrachtung bei einem geplanten Ausgabemassstab von ca. 1: 25 000 mehr als gerecht wird.

3. Die vorliegende Arbeit soll mithelfen, einen sogenannten Minimalkatalog zu erstellen, welche für eine Geoökotop-Ausgliederung in verschiedenen Massstäben benötigt wird. Für künftige Arbeiten kann sodann schon bei der Feldarbeit auf eine der Fragestellung und des räumlichen Betrachtungsmassstabs angemessene Datenerhebung geachtet werden.

Darüber hinaus erachtet der Autor es als wichtig, die bestehenden Unsicherheiten und möglichen Fehler bei der Weiterverarbeitung der Daten mit zu berücksichtigen, unter anderem auch dadurch, dass der gewählte Massstab der zu druckenden Karten sowie deren Auflösung diesen Unsicherheiten Rechnung tragen muss (vgl. dazu auch Kapitel 4.2); auf eine eigentliche Fehlerrechnung wird indes verzichtet. W. DETTLING (1989: 13) meint zu dieser Problematik: *„Wenn akzeptiert wird, dass ein Untersuchungskonzept eine beschränkte Genauigkeit hat, so ist es umso wichtiger, dass das Mass der Genauigkeit bzw. der Umfang der Fehler ebenfalls als Teil des Untersuchungsergebnisses berücksichtigt werden."*

Natürlich haben nicht nur die im Feld erhobenen Daten ihre Fehler, sondern auch das Höhenmodell sowie die daraus abgeleiteten Karten. Hierbei ist es ebenso kompliziert, die Fehler zu quantifizieren, da jedes DHM für unterschiedliche Reliefformen verschieden grosse Fehler aufweist, die geringsten im flachen Gelände (vgl. M. HUBER 1995). Auf eine Kontrolle der Felddaten wie auch der errechneten Werte wurde aus oben aufgelisteten Gründen (vor allem Punkt 1) verzichtet.

Zusammenfassend kann festgehalten werden, dass die vorliegende Datenqualität dem geplanten Vorhaben adäquat ist, sofern die Limitiertheit ihrer Genauigkeit dem Benutzer bewusst ist und er diese stets erwähnt und berücksichtigt.

3.3 Massstabsproblematik

Dieses Unterkapitel befasst sich mit einer der Kernfragen der vorliegenden Dissertation, nämlich mit der Frage nach dem Einfluss des Massstabs auf die Relevanz bestimmter Geoökofaktoren bei der Ausgliederung geoökologischer Einheiten. Prinzipiell geht man davon aus, dass eine solche Abhängigkeit vom Massstab existiert. Zahlreiche Arbeiten befassten sich mit dieser Problematik, so u. a. O. DIECKMANN (1997), F. DOLLINGER (1997), G. HAASE (1964, 1973, 1976, 1978, 1991), K. HERZ (1973), H. LESER (1988, 1990, [4]1997a), H. LESER & H.-J. KLINK [Hrsg.] (1988), K. MANNSFELD (1994), T. MOSIMANN (1990), E. NEEF (1963, 1964, 1968), K.-H. PAFFEN (1950), H. RICHTER (1967, 1978), J. SCHMITHÜSEN (1967).

Dazu G. HAASE (1973: 82): *„Die Theorie der geographischen Dimensionen ist das übergeordnete methodologische Prinzip für die klassifikatorisch-systematischen und die räumlich-regionalen Ordnungsverfahren in den Geowissenschaften."* (Siehe dazu auch die Definitionen der räumlichen Begriffe in Kapitel 1.4).

Mit der Frage nach der Übertragbarkeit von Messdaten und Modellierungen auf grössere Gebiete setzt sich J. HOSANG (1995: 115 ff.) auseinander, ausserdem die Dissertationen von B. SPYCHER (1997) und P. OGERMANN (1999). Sie entstanden im Rahmen des bereits erwähnten Biodiversitätsprojektes auf der Nenzlinger Weide und beschäftigen sich mit Massstabsfragen.

In der geoökologischen Forschung spielt die Frage nach der Gültigkeit und der Übertragbarkeit von Punktmessungen auf die Fläche eine entscheidende Rolle. Zum Problem dieses Schrittes vom einzelnen Messpunkt zur Fläche mittels Extrapolation oder Interpolation äusserte sich bereits E. NEEF (1964: 6). Eine solche Übertragung ist umso schwieriger, je grösser das Gebiet wird, in welches man die Daten extrapoliert, da die Datendichte dabei ständig abnimmt und die Bereiche zwischen den vorhandenen Messpunkten mit grossen Unsicherheiten behaftet sind.

Anderseits kann auch eine zu hohe Datendichte problematisch werden, zumal man oft als Resultat seiner Untersuchungen eine Karte ausdrucken möchte, auf der nur eine bestimmte Informationsdichte eine übersichtliche Gestaltung und eine gute Lesbarkeit zulässt. Schon von daher sind wir an eine Begrenzung der Auflösung mit kleiner werdendem Massstab gebunden, wobei sich dieser Zwang bis zu einem gewissen Grade umgehen lässt, wie beispielsweise Karten mit separatem Legendenteil und zum Teil auch separater Inhaltsbezeichnung zeigen.

Geoökologische Felddaten werden in aller Regel im Massstab 1: 10 000, manchmal sogar 1: 5 000 aufgenommen, so auch die hier verwendeten. Eine Datenaufnahme in so grossem Massstab ist für die Anwendungspraxis erforderlich. Grossmassstäbigkeit bedeutet in der geoökologischen Forschung *Objektbezug* (H. LESER 1986: 19). Meist wird dieser nur durch eine Anwendung der Landschaftsökologischen Komplexanalyse (T. MOSIMANN: 1984) erreicht.

Der sehr verbreitete und oft verwendete Kartenmassstab 1: 25 000 liegt im Übergangsbereich zwischen topischen und chorischen Massstäben. Er eignet sich daher besonders für die Darstellung von Topen in einem chorischen Raumausschnitt. Dabei ist eine vernünftige Generalisierung zu wählen, um die grossmassstäbig gewonnenen Felddaten in den kleineren Ausgabemassstab zu bringen Dies ist primär für die Lesbarkeit der ausgedruckten Karte wichtig. Bei digitaler Betrachtung spielt dies eine weniger bedeutende Rolle, da auch ein "Zoomen" möglich ist, wobei die Auflösung je nach gewählter Pixelgrösse (vgl. Kapitel 4.1) mehr oder weniger stark abnimmt.

Nicht nur die Frage der Datenextrapolation ist ein wesentliches Massstabsproblem, sondern auch diejenige nach den Interaktionen zwischen einzelnen Grössen sowie der Relevanz derselben für bestimmte räumliche Untersuchungen. S. H. COUSINS (1993) bemerkt richtigerweise: „*Hierarchy theory allows the decomposition of the complexes* [rock, water, air, plants, animals and man] *into strongly and weakly interacting components.*"

Die Massstabsproblematik hat zudem immer sowohl *inhaltliche* als auch *technische Perspektiven* (H. LESER 1980a: 80 ff.), das heisst, sie tritt zum ersten Mal bei der Datenerhebung im Feld und zum letzten Mal beim Kartenausdruck zu Tage. Bezüglich Raumgliederungen äussert sich H. LESER (1990: 278): „*Sobald der Massstab vergrössert wird, kommen geoökologische Raumgliederungen eigentlich um eine prozessuale Kennzeichnung nicht herum: Massstäbe >1: 25 000 erfordern eine differenzierte Inhaltsdarstellung geoökologischer oder sonstiger ökologischer Raumeinheiten. Diese Differenzierung kann nur über die Erfassung der ökologischen Prozesse innerhalb der Raumeinheiten geschehen.*"

Die vorliegenden Kartierungen bewegen sich genau in diesem "Grenzmassstab" 1: 25 000. Daher fühlt sich der Verfasser an obige Forderungen nur bedingt gebunden, ausserdem kommt das Verfahren der Landschaftsökologischen Komplexanalyse (T. MOSIMANN 1984) in der vorliegenden Arbeit bewusst nicht zum Einsatz. Eine Methodik, welche auf die Landschaftsökologische Komplexanalyse zurückgreift, ist jene von O. DIECKMANN (1997), welcher für seine Naturraumtypenkartierung eine *Standortform* anhand von *Stamm-Eigenschaften* (Klima, Relief, Bodenform) sowie *Zustands-Eigenschaften* (Humus- und Grundwasserform) bestimmt.

Ein Schwergewicht bei der Ökotopkartierung sollte auf direkt und grossmassstäbig kartierbaren Grössen liegen, aus denen Rückschlüsse auf stoffliche und energetische Prozesse möglich sind (R. BONO 1986: 40). Dazu R. BONO: „*Dies ist durch die Erfassung abiotischer Partialkomplexe wie Relief, Substrat, Boden und Geländeklima gegeben, aus denen die Parameter zu Substrateigenschaften, Bodennährstoff- und -wasserhaushalt sowie geländeklimatische Differenzierung interpretierbar sind...*"

Je kleiner der Massstab wird, desto geringer muss die Datendichte sein, ebenso die Anzahl relevanter Parameter für Karten-Überlagerungen, wie auch die Anzahl verschiedener Klassen eines Parameters bzw. Geoökofaktors. Quantitative Merkmale verlieren immer mehr an Gewicht, gleichzeitig nehmen die qualitativen Aussagen zu. Beim Digitalen Landschaftsökologischen Atlas Baden-Württembergs (DLABW: 1995) sind wir mit dem Massstab 1: 200 000 schliesslich im regionischen Bereich angelangt, doch so weit wollen wir in dieser Arbeit nicht vorstossen.

K. HERZ (1973: 92) schlägt vor, sich den „...*Übergang zur Untersuchung von Landschaftseinheiten der nächstkleineren Analysemassstäbe anschaulich als beträchtliche Zunahme der Beobachtungshöhe über der Erdoberfläche vorzustellen... Die Information wird abstrakter, der Verlust an Detailinformation jedoch kompensiert durch den Gewinn an Übersichtsinformation...*"

In umgekehrter Richtung gilt es, immer mehr und neue Faktoren miteinzubeziehen, bis man im subtopischen (Meter-) Bereich ein – vor allem durch biochemische Komponenten hervorgerufenes – "Chaos" (B. SPYCHER 1997: 104; H. LESER & C. KEMPEL-EGGENBERGER: 1997) vorfindet. In diesen Dimensionen ablaufende mikroökologische Prozesse sind mit dem geoökologischen Instrumentarium methodisch nicht mehr wahrnehmbar und sie liegen auch ausserhalb des landschaftsökologischen Forschungsinteresses, also unterhalb der topischen Dimension.

Als Konsequenz daraus bleibt die subtopische Dimension weitgehend aus der landschaftsökologischen Forschung ausgeschlossen (H. LESER 1996: III, verändert). Nach T. MOSIMANN (1984: 32) fallen lokale Standortsfaktoren wie Lichtgenuss, Streubildung, Verdunstung einzelner Bestände, Verdichtung im Humus etc. für die Raumgliederung sowieso nicht ins Gewicht, „... *da sie in der Funktion des gesamten Geoökosystems eine untergeordnete Rolle spielen und für das Nutzungspotential unbedeutend sind.*"

Es soll nun aber keineswegs der Eindruck erweckt werden, dass die geoökologische Forschung im kleinmassstäbigen Bereich mit weniger Problemen zu kämpfen hätte als im grossmassstäbigen – das Gegenteil ist oft der Fall! Zahlreiche Prozesse, die sich hauptsächlich auf der chorischen Ebene abspielen (Hangwasserdynamik eines Einzugsgebietes etc.), sind noch viel zu wenig im Detail bekannt und tragen durch ihre hochkomplexen Fliessmuster und Wechselwirkungen zu grossen methodischen Problemen bei der Analyse bei (vgl. dazu M. MENZ & C. KEMPEL: 1999).

Oft können nur punktuell Messungen vorgenommen werden (vgl. Komplexanalyse MOSIMANNs: 1984), so dass prozessuale Vorgänge adäquat zu modellieren sind. A. RICHLING (mündliche Mitteilung) bemerkte zu dieser Problematik, dass im topischen Massstab die *"...Zusammenhänge zwischen den einzelnen Geoökofaktoren recht gut und nachvollziehbar..."* seien, stosse man jedoch in kleinere Massstäbe vor, so wären *"...solche Verknüpfungen oft kaum erkennbar."* A. RICHLING sieht also sozusagen auch ein "Chaos im Chorischen" wie es B. SPYCHER (1997) im subtopischen Bereich findet.

Die Problematik der prozessualen Flächenaussage wird durch H. LESER (1989: II) wie folgt umschrieben: *"Bei der geoökologischen Feldarbeit wird die quantitative Flächenaussage verbessert, indem flächenhafte Prozessaussagen versucht werden. Das geschieht teilweise durch Fernerkundungsmethoden, teilweise durch mathematische Extrapolation von dichten Punktmessungen. Zunehmend wird an Optimierungsverfahren für die prozessuale Flächenaussage gearbeitet."*

Kommen wir nun zum Problem der Gültigkeit und Übertragbarkeit eines an einem bestimmten Standort gemessenen Wertes für eine ganze Fläche. Diese Extrapolation ist unumgänglich, da einerseits ein lückenloses Messen nie möglich, andererseits eine flächenhafte Aussage in den Raumwissenschaften jedoch erwünscht ist. Damit nimmt man aber immer Qualitätseinbussen in Kauf. Es gibt verschiedene – grösstenteils mathematische – Methoden, um eine solche Extrapolation bzw. ein sog. *Upscaling* vorzunehmen.

In dieser Arbeit wird keine eigentliche Methodik dazu benötigt; es scheint dem Verfasser zweckmässig, von den im Feld erhobenen *Bodenformarealen* auszugehen. Diese wurden anhand zahlreicher Pürckhauer-Messungen ermittelt und enthalten mindestens je *eine* repräsentative Bodengrube (siehe auch Kapitel 3.1). Es ist daher sicher vernünftig, die ausgeschiedenen Bodenformareale als Referenzflächen für die in der entsprechenden Grube entnommenen Werte des pH, der Bodenart etc. zu wählen, obwohl die Bodenform schliesslich nicht direkt in die Geoökotop-Ausgliederung miteinfliessen soll.

Damit wird zwar streng mathematisch ein Fehler begangen, der Realität aber werden wir eher gerecht, indem wir die Zuweisung einer repräsentativen Fläche für eine Punktmessung nicht der Arithmetik überlassen, welche ohne Berücksichtigung des Reliefs aufgrund der Mittelsenkrechten zwischen zwei Messpunkten ein Polygon abgrenzte, sondern indem wir auf Flächen zurückgreifen, die *bereits natürliche Einheiten darstellen* (wenn auch erst bezüglich eines bestimmten Geoökofaktors). Für die Vegetation werden separate Flächen verwendet, gemäss den im Feld erhobenen Typen, ebenso für die Lithologie.

Massstabsprobleme werden die Geographie auch in den kommenden Jahren beschäftigen. Beim Besprechen der Resultate und im Ausblick (Kapitel 6 und 7) kommen wir nochmals auf diese Problematik zurück und werden zudem auf die räumliche Reichweite der Aussagekraft der erzielten Resultate eingehen.

3.4 Methodisches Vorgehen

Die Wahl der Methodik, welche in dieser Arbeit der Geoökotop-Ausgliederung zugrunde liegt, ist durch Zweckmässigkeit und Aufwand teilweise vorbestimmt. Sie lehnt sich einerseits an vorhandene Ideen, namentlich solche aus "Handbuch und Kartieranleitung Geoökologische Karte 1: 25 000

(KA GÖK 25)"[1] [H. LESER & H.-J. KLINK: 1988], anderseits versucht der Autor, mit einer gewissen Unbekümmertheit Neuland zu beschreiten.

Das Gerüst der Methodik ist relativ simpel: Es wird zwischen sog. Strukturgrössen und Prozessgrössen unterschieden, welche geoökologische Relevanz aufweisen. Unter Strukturgrössen werden Parameter verstanden, welche keine Dynamik aufweisen, zumindest nicht kurz- und mittelfristig. Strukturgrössen sind die Hangneigung, die Exposition (*allgemein:* reliefabhängige Faktoren), aber auch der Boden (Bodenart, -typ, pH-Wert etc.) und die Landnutzung bzw. Vegetation. Alle diese weisen zwar auch eine dynamische Komponente auf, dürfen jedoch für kürzere Zeiträume als statisch betrachtet werden.

Die Prozessgrössen sind prozessual gesteuert, z. B. Bodenerosion, Wärme- und Strahlungshaushalt sowie hydrologische Prozesse. Im wesentlichen haben wir es hier mit Massenbewegungen im Luft-, Wasser- und Stoffhaushalt zu tun.

Schon E. NEEF (1963: 253) äusserte methodische Bedenken, falls man starre Werte zur Abgrenzung von Topen einführte. So würde beispielsweise die Tiefe des Grundwasserspiegels als Parameter durch seine jahreszeitlichen Schwankungen saisonal unterschiedliche Topgrenzen hervorrufen. Dennoch können viele dynamische Prozesse nur mittels statischer Kenngrössen (oft Mittelwerte wie z. B. die Temperatur) erfasst werden (was in Kapitel 5.1 noch genauer erläutert wird). Das weiterhin ungelöste Problem der "vierdimensionalen" geoökologischen Modelle wird bei M. MENZ & C. KEMPEL (1999: 120) diskutiert.

In geoökologisch relativ homogenen Gebieten (z. B. in Tiefländern) ist der Zusammenhang zwischen Strukturmerkmalen und Prozessen nur schwer herzustellen (H. LESER 1995: V). Die Prozessaussage unterbleibt in solchen Fällen infolge zu geringer Variation der Strukturvariablen. Nach

---

[1] Die deutsche Geoökologische Kartieranleitung (GÖK) wurde für Praktiker, vor allem Planer und andere, die nicht über geoökologisches Fachwissen verfügen, als Instrumentarium zur raschen Erarbeitung einer geoökologischen Karte entwickelt.

T. MOSIMANN (1987: 93) werden bei der Geoökotop-Ausgliederung die Strukturgrössen zur Grenzziehung zwischen den Geoökotopen verwendet, die Prozessgrössen zu deren Inhaltsbezeichnung.

Der Idee der auf Einzelparametern beruhenden Ausgliederung und prozessbezogenen inhaltlichen Charakterisierung von geoökologischen Raumeinheiten wurde mit der Entwicklung der KA GÖK 25 (H. LESER & H.-J. KLINK: 1988) Rechnung getragen. Die Anwendbarkeit derer Methodik wurde bereits mehrfach geprüft, so bei J. HOSANG (1990), welcher den intensiven Arbeitsaufwand der Felderhebungen betont, oder durch die Bearbeitung des deutschen Kartenblattes "Bad Iburg" im Massstab 1: 25 000 (R. GLAWION & H.-J. KLINK: 1988).

Das Prinzip der Verknüpfung von Struktur- und Prozessgrössen wird bei T. MOSIMANN (1987: 91 ff.) beschrieben (Abbildung 3-3). Dort wird auch der Einfluss von Struktur- und Prozessgrössen auf die Ausgliederung von Geoökotopen in verschiedenartigen Landschaftstypen diskutiert (Abbildung 3-4). Die Struktur unseres Untersuchungsgebietes dürfte zwischen den beiden in der Abbildung 3-4 dargestellten Landschaftstypen liegen, jedoch eher dem Typ B verwandt sein.

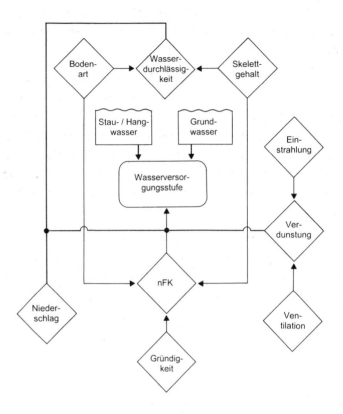

Abb. 3-3: Das Prinzip der Verknüpfung von Struktur- und Prozessgrössen zur funktionalen Charakterisierung der Ökotope – Beispiel Wasserversorgung (nach T. MOSIMANN 1987: 91) [nFK = nutzbare Feldkapazität]

Analog zu Abbildung 3-3 wird auch für den Energiehaushalt, den Luft-, Feststoff- und Nährstoffhaushalt verfahren. Da die berücksichtigten Regler und Prozessgrössen teilweise auch untereinander verknüpft sind, umfasst die inhaltliche Kennzeichnung der Ökotope ein ganzes Netzwerk von Struktur- und Prozessgrössen.

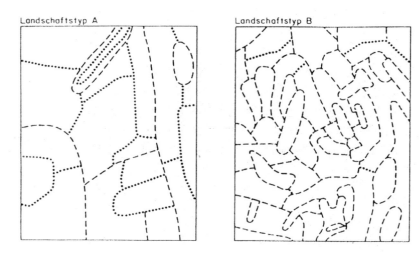

-------- Grenzen von Ökotopgefügen und Ökotopen, die auf der Basis des Strukturgrössenrasters gefunden werden.
.... Grenzen von Ökotopen, die auf der Basis der Bewertung von Prozessgrössen (zusätzlich) gefunden werden.

Abb. 3-4: Grenzfindung von Ökotopen in verschiedenen Landschaftstypen (aus T. MOSIMANN 1987: 94)

Im Landschaftstyp A (z. B. wenig differenzierte Reliefformen, mittlere Neigung der Hangflächen, mächtige Deckschicht mit wenig Bodenvarianten) ergibt die Abgrenzung nach Strukturgrössen grosse Einheiten (Ökotopgefüge). Der Einbezug der Prozessgrössen führt in den meisten Einheiten zur Ausgliederung mehrerer Ökotope.

Im Landschaftschaftstyp B (z. B. stark reliefiert, vielfältiges Bodenmuster durch verschiedene anstehende Gesteinstypen usw.) ergeben bereits die ökologischen Strukturunterschiede ein kleinräumiges Muster von Raumeinheiten (Ökotope). Die prozessualen Gegebenheiten sind nur in wenigen Fällen weiter sinnvoll differenzierbar. Die mit den Strukturgrössen erhaltenen Ökotope werden deshalb mit den Prozessmerkmalen nicht weiter untergliedert, sondern inhaltlich charakterisiert.

Beim weiteren Vorgehen in dieser Arbeit sollen zunächst sowohl Struktur- als auch Prozessgrössen zur Abgrenzung der Geoökotope benutzt werden; gleichzeitig bezeichnen beide ihren Inhalt. Auf diese Weise soll eine Integration beider Parametergruppen erreicht werden, was dadurch für notwendig betrachtet wird, als sich beide Gruppen vermischen. Die Vermischung kommt deshalb zustande, weil die Strukturgrössen zur Modellierung der Prozessgrössen benötigt werden (beispielsweise ist die Bodenerosion unter anderem von der Hangneigung abhängig). In der Karte müssen schliesslich auch die Prozesse durch statische Grössen dargestellt werden, da ihre dynamische Komponente allenfalls über eine Computeranimation visualisierbar wäre. So wird beispielsweise der Prozess *Kaltluftströme* durch die statische Grösse *Kaltluftgefährdung* für eine definierte Fläche dargestellt.

Wir sehen für die Geoökotop-Ausgliederung sieben Parameter – drei Strukturgrössen und vier Prozessgrössen – vor:

- Hangneigung
- Bodenart
- Vegetation
- Bodenerosion
- Kaltluftströme
- Besonnung
- Bodenfeuchte

Ihre Wahl wird wie folgt begründet:

– Hangneigung

Die Hangneigung ist die wichtigste geomorphographische Komponente des Georeliefs, da sie Massenbewegungen und Mikroklima (Strahlungseinfall, Frostgefahr, Schneebedeckung etc.) – aber auch andere landschaftsökologische Prozesse – zu einem entscheidenden Teil regelt. Daher soll sie als deskriptive Grösse eines Geoökotopes auch selbständig dargestellt werden.

– Bodenart

Die Relevanz dieser Grösse ist nicht sofort einsichtig. Ursprünglich fiel die Wahl auf die Bodenform, da diese direkt kartiert wurde und das vorhandene Datenmaterial somit Bodenformareale bereitstellte. Sowohl Bodenform als auch Bodentyp (Kartenband: Karte 15) erwiesen sich jedoch als viel zu stark differenziert für unser Vorhaben, da wir nicht mit einer so grossen Anzahl Klassen weiterarbeiten konnten. Daher fiel die Wahl schliesslich auf die Bodenart mit ihren drei Hauptklassen Ton, Schluff und Sand, insbesondere auch deshalb, weil sie primär über Wasserspeichervermögen, Durchwurzelung und Stabilität (Erosionswiderstandsvermögen) – also ganz wesentliche ökologische Eigenschaften eines Bodens – entscheidet.

– Vegetation / Nutzung

Die Vegetationskarte ist diejenige, welche oft – wenn auch nicht immer – am direktesten den optischen Eindruck einer Landschaft repräsentiert. Vegetation und Landnutzung lassen sich im vom Menschen geprägten Lebensraum nicht immer trennen. Es wäre unsinnig, im gewählten Untersuchungsgebiet zwischen beiden zu unterscheiden. Schon E. NEEF (1968: 22) geht davon aus, dass der Naturhaushalt in den hochgenutzten Landschaften Mitteleuropas so stark anthropogen verändert wurde, dass der flächenhaften Erfassung der Vegetation nur noch eine geringe Bedeutung zukommt. An deren Stelle tritt die land- und forstwirtschaftliche Nutzung.

Unter Berücksichtigung der Nutzung durch den Menschen können wir zwischen Wald (Forst) sowie mehr oder weniger intensiver Nutzung des offenen Landes unterscheiden. Um auch bei diesem Faktor wieder auf drei Klassen zu kommen, werden aus Massstabsgründen Wiese und Weide gleichbehandelt, ebenso der Acker mit Sonderkulturen und Brache. Wir erhalten somit als massstabsrelevante Nutzungsarten Wald, Wiese und Kulturland. Die überbauten (versiegelten) Flächen müssen keine Sonderklasse bilden, da dort auch keine Bodendaten erhoben wurden und diese Gebiete bei der Geoökotop-Ausgliederung unberücksichtigt bleiben, bzw. eigene – sog. Technotope – bilden werden.

– Bodenerosion

Bei den Prozessgrössen präsentiert sich die Angelegenheit etwas schwieriger. Gemäss KA GÖK 25 (H. LESER & H.-J. KLINK 1988: 242 ff.) wird zwischen Stoffhaushalt, Lufthaushalt, Wasserhaushalt und Energiehaushalt unterschieden. Dabei kann der Nährstoffhaushalt in dieser Arbeit aufgrund mangelnder Daten leider nicht berücksichtigt werden. Ein dem Feststoffhaushalt zuzurechnender wesentlicher Prozess ist die Bodenerosion.

Vergleichbar den übrigen Prozessgrössen wird sie in die Geoökotop-Ausgliederung in nur zwei Klassen miteinfliessen. Es werden Gebiete mit eher geringer Erosionsgefahr gegenüber stärker gefährdeten Gebieten abgegrenzt. Diese Gebiete finden sich durch eine Vereinfachung des Bodenerosionsmodells der "Anleitung zur Bewertung des Leistungsvermögens des Landschaftshaushaltes (BA LVL)[1]" [R. MARKS et al. ^{2}1992: 49ff.]. (Details siehe Kapitel 4.5.1).

Die Bodenerosion stellt eines der landschaftsökologischen Hauptprobleme dar. Sie vertritt den Bereich "Stoffhaushalt", welchen wir nur bezüglich Feststoffen bearbeiten können. Ausserdem wird sich auf die Erosion durch Wasser beschränkt, Winderosion bleibt unberücksichtigt, was in humiden Regionen zulässig ist.

– Kaltluftströme

Die Kaltluftgebiete werden aufgrund der Reliefform (Wölbung und Neigung) bestimmt. Der mildernde Effekt der Waldgebiete wird ebenso berücksichtigt wie der Einfluss des Birstales als Kaltluftsammelgebiet durch eine empirisch ermittelte Höhe dessen Kaltluftsees (Details siehe Kapitel 4.5.2).

Kaltluftgefährdete Zonen sind besonders für die Landwirtschaft relevant und sollen den Prozessbereich "Lufthaushalt" vertreten. In diese Kategorie

---

[1] Die BA LVL ist ein Zusatzwerk zur KA GÖK 25. Ihre Bewertungsmethoden sind in der Regel aufgrund von Felderfahrungen zusammengetragene, vereinfachte Verfahren. KA GÖK 25 sowie BA LVL ergänzen sich zur Bestimmung von verschiedenen Landschaftsfunktionen.

gehören auch die Wind- und Nebelverhältnisse, welche hier zwar erwähnt und beschrieben, jedoch nur stark vereinfacht in eine später zu diskutierende Karte miteinfliessen werden. Sie wären für die topische Dimension mit einem entsprechend dichteren Messnetz detaillierter zu erforschen.

− Besonnung

Nach der Methode von A. MORGEN (1957) lässt sich die potentielle direkte Sonneneinstrahlung (hier vereinfacht als *Besonnung* bezeichnet) berechnen. Die Reliefabschattung bleibt unberücksichtigt, da dieser Einfluss aufgrund der vorwiegenden Südlage des Gebietes als vernachlässigbar angesehen wird. (Details zur Berechnung siehe Kapitel 4.5.3).

Die Besonnung vertritt den Strahlungshaushalt. Sie ist zudem ein Indiz für Wärmesummen und ersetzt dadurch − zumindest teilweise − fehlende detaillierte Klimadaten für unser Gebiet. Konkret hat die Besonnung für Fragen im Zusammenhang mit der Eignung für den Rebbau oder den Anbau anderer sonne- und wärmeliebender Produkte Bedeutung. Somit geht sie über den bei T. MOSIMANN (1984: 32) erwähnten lokalen Standortsfaktor "Lichtgenuss" hinaus (vgl. auch Kapitel 3.3).

− Bodenfeuchte

Die Bodenfeuchte ist zwar kein Prozess, sondern das Resultat eines solchen. Trotzdem steht sie in unserem Konzept stellvertretend für den Bodenwasserhaushalt. Grund- und Hangwasser − letzteres ist im Falle weitverbreiteter durchlässiger Deckschichten, wie sie im Blauengebiet auftreten, auch nicht von so grosser Relevanz − können aufgrund fehlender Daten nicht berücksichtigt werden. Die Bodenfeuchte wird hier nicht gemessen, sondern modelliert. (Details zum Modell siehe Kapitel 4.5.4).

Eine prozessorientierte Klassifikation von Ökotopen, welche starkes Gewicht auf den Wasserhaushalt legt, finden wir bei R. DUTTMANN (1993: 116 ff.). In unserem Fall soll die potentielle Bodenfeuchte die fehlenden hydrologischen Messwerte ersetzen. Im Gegensatz zu den übrigen verwendeten Prozessgrössen ist zunächst unklar, wie die Bodenfeuchte zu bewerten sein wird, d.h., ob "trocken" oder "feucht" als problematisch zu betrachten sind. Dies wird in den Kapiteln 4.5.4 und 6.1 erörtert.

Die vom Autor gewählten sieben Parameter sind lediglich *eine* Möglichkeit eines "Minimalkatalogs" zur Ausgliederung von Geoökotopen. Die Minimalkataloge aus der Literatur (H. LESER & H.-J. KLINK: 1988) sind umfangreicher. Anderseits wurden die meisten jener Kataloge für die topische Dimension entwickelt. Beim Übergang in die chorische Dimension müssen sie vereinfacht werden.

Die Vereinfachungen geschehen sowohl durch entsprechende Reklassifikation (siehe Kapitel 4.2) als auch durch ein Nichtberücksichtigen gewisser Parameter, nämlich solchen, welche durch ihre kleinräumige Wirkung in kleinmassstäbigen Betrachtungen ihre Relevanz verlieren (z. B. die lokal stark differenzierte Bodenfeuchte). In Kapitel 5.2 wird dieses Vorgehen noch diskutiert werden. Wird ein Parameter der Minimalkataloge aber bereits im Prozess der Geoökotop-Ausgliederung vermisst, liegt die Ursache im Mangel an Felddaten oder im Konzept, welches keinen Platz für die betreffende Grösse vorgesehen hat. In einem späteren Kapitel wird auf das Thema der Minimalkataloge zurückzukommen sein (Tabellen 6.3 und 6.4).

Vorläufiges Ziel soll nun sein, durch eine Verschneidung der drei strukturellen Parameter zu *strukturell bedingten Geoökotopen* zu gelangen und durch Verschneidung der vier Prozessgrössen *prozessual geprägte Geoökotope* auszuscheiden. Auf dieses Ziel werden wir in den beiden folgenden Kapiteln hinarbeiten.

4. Datenverarbeitung im Geographischen Informationssystem (GIS)

4.1 Das digitale Höhenmodell und die Reliefanalyse

Ein entscheidendes Ziel beim Einsatz von Informationssystemen im Umweltmanagement ist die Umwandlung von Daten in Informationen. Messungen und Beobachtungen sollen in Wissen umgewandelt werden, welches die Auswahl von Optionen bei Entscheidungsprozessen unterstützt (nach M. EHLERS 1996, leicht verändert). Weiter EHLERS: „Bei Anwendungen im Umweltbereich und bei der Entwicklung nachhaltiger Planungsmethoden ist notwendigerweise die Kopplung von raumbezogener Information (z. B. Koordinaten) und attributärer Information (z. B. ein bestimmter Messwert an einer Messstation) zu berücksichtigen. Diese Koppelung von *spatialer* und *nicht-spatialer* Information ist aber gerade das Kennzeichen von Geographischen Informationssystemen."

Am Anfang des Einsatzes der elektronischen Datenverarbeitung in der vorliegenden Arbeit stand das Digitale Höhenmodell DHM 25 (Basismodell) und dessen Import als Vektordatensatz in das GIS-Softwarepaket "SPANS"[1]. Nachdem das Untersuchungsgebiet durch die Wahl einer Projektionsart und die Eingabe der Koordinaten seiner Eckpunkte im GIS eingerichtet war, konnte das digitale Höhenmodell importiert werden. Als Folge dieses Imports sind nun die Höhenangaben für jeden Punkt im Untersuchungsgebiet abfragbar (siehe dazu M. HUBER: 1992a und 1992c). Die Höhenliniendaten (Äquidistanz: 10 m) wurden mit dem "Contour-to-DEM"-Programm (M. HUBER: 1992a) vorbehandelt, um an geomorphodynamisch wichtigen Stellen zusätzliche Höhenpunkte einzufügen. Dadurch wird die anschliessende Interpolation deutlich verbessert.

---

[1] Für grundsätzliche Informationen zu den verschiedenen GIS und deren Vor- und Nachteilen sowie deren Einsatzmöglichkeiten sei auf die inzwischen sehr reichhaltige Literatur zu diesen Themen verwiesen.

Das auf diese Weise erstellte Matrixmodell erlaubt eine umfassende Reliefanalyse[1] mit dem Computer. Ausgehend von den Höhenwerten werden über mathematische Ableitungen die Hangneigung, die Exposition sowie die Wölbungsformen berechnet (siehe unten sowie D. DRÄYER 1996: 46 ff.). Auch Höhe und Breite von Graten und Tälern in einer bestimmten Bildpunkt- bzw. Pixel-Umgebung lassen sich berechnen (siehe Schluss dieses Kapitels). Die Reliefanalyse erlaubt es, Fliesswege, Erosionsbahnen etc. zu ermitteln, Deflations- und Akkumulationsgebiete auszuweisen sowie klimatische Faktoren wie Einstrahlungsverhältnisse und Kaltluftgebiete zu berechnen. Weitere Anwendungsmöglichkeiten digitaler Geländemodelle in der Physischen Geographie beschreibt J. STROBL (1988).

Die primäre Reliefanalyse errechnet zunächst:

1. Hangneigung (erste Ableitung der Höhe in vertikaler Richtung) [Kartenband: Karte 5].
2. Exposition (erste Ableitung der Höhe in horizontaler Richtung) [Kartenband: Karte 6].

Die erweiterte Reliefanalyse ergibt zusätzlich:

3. Taltiefe und -breite (Berechnung siehe weiter unten sowie Kartenband: Karte 7).
4. Grathöhe und -breite (Berechnung siehe siehe weiter unten sowie Kartenband: Karte 8).
5. Horizontale Kurvatur (zweite Ableitung der Höhe in horizontaler Richtung bzw. 1. Ableitung der Exposition) [Kartenband: Karte 9].
6. Vertikale Kurvatur (zweite Ableitung der Höhe in vertikaler Richtung bzw. 1. Ableitung der Hangneigung) [Kartenband: Karte 10].

Mit Hilfe der vertikalen und horizontalen Kurvatur lässt sich eine Karte der Reliefelemente erstellen, die im Kartenband (Karten 11a und 11b) zusätzlich mit der Hangneigung kombiniert wird. Etwas einfacher lassen sich aus

---

[1] Die erweiterte Reliefanalyse mit SPANS wurde teilweise von M. HUBER programmiert und basiert auf dem Betriebssystem OS 2.

der Höhenlage und der Neigung konvexe und konkave Bereiche des Reliefs ermitteln und somit eine Wölbungskarte (Kartenband: Karte 12) generieren, welche z. B. für die Modellierung von Feststofftransporten benötigt wird. Dabei wird nach folgender Formel (D. DRÄYER: 1996, verändert) vorgegangen:

m3 = class('hoehfil3');
m5 = class('hoehfil 5');
m7 = class('hoehfil 7');
m9 = class('hoehfil 9');
s = class('slclaf3');
: slope 0-7 -> s < 4
: 1 -> concave, 2 -> even, 3 -> convex
{1 if ((m5 < m9) and (s < 4))
or ((m3 < m7) and (s == 4))
or ((m3 < m5) and (s > 4))
3 if ((m5 > m9) and (s < 4))
or ((m3 > m7) and (s == 4))
or ((m3 > m5) and (s > 4)), 2}

wobei: s = Hangneigung in fünf Klassen (0-2°: s=1; 2-4°: s=2; 4-7°: s=3; 7-15°: s=4; >15°: s=5)) und $m3$ = Höhe über Meer in einer 3*3Pixel-Umgebung etc. ("hoehfil" bzw. "slclaf" sind die Namen der GIS-Karten).

Ein grösserer Wert der mittleren Meereshöhe in einer 5*5Pixel-Umgebung als in einer 3*3Pixel-Umgebung deutet auf konkave Verhältnisse hin und umgekehrt. Etwas komplizierter wird die ganze Angelegenheit durch die Überlagerung der unterschiedlichen Hangneigungen. Abbildung 4-1 verdeutlicht die – geologisch bedingte – konvexe Wölbung der Blauenweide.

Abb. 4-1: Geologisch bedingte konvexe Wölbung der Blauenweide (Weideland Stelli). Blick nach Osten (Foto: GP 105, Juli 1982)

Der Standort befindet sich auf einer artenreichen Magerwiese (vgl. auch Abbildung 7-2); im Hintergrund ist Nenzlingen erkennbar.

Eine praktische Anwendung der durch die Reliefanalyse erhaltenen Werte zu Neigung und Wölbung zeigt folgendes Beispiel:

Beispiel Versickerung

Zur Erstellung einer Karte der reliefbedingten Versickerung gehen wir gemäss nachstehendem Schema vor (Tabelle 4-1); das Resultat zeigt Karte 16 (Kartenband).

Hangneigung	Reliefform	Ursprüngliche Hydroreliefklassen	Neue Klassen (reduzierte Klassenzahl)
< 2°	---	1	1
2 – 7°	konkav	2	2
	gestreckt	3	3
	konvex	4	4
8 – 15°	konkav	5	3
	gestreckt	6	4
	konvex	7	5
> 15°	konkav	8	4
	gestreckt	9	5
	konvex	10	5

Tab. 4-1: Vorgehen beim Bilden der Hydroreliefklassen (nach S. MEIER 1995: 37 ff., leicht verändert)

Obiges Schema basiert auf der Annahme, dass eine konkave Wölbungsform mit einer Hangneigung von 8 - 15° in etwa die gleiche Versickerungsrate aufweist wie ein gestreckter Hang mit einer Neigung von 2 - 7° usw. Auf diese Weise erhalten wir fünf Klassen unterschiedlicher reliefbedingter Versickerung.

Die Höhen bzw. Tiefen sowie die Breiten von Graten und Tälern (Kartenband: Karten 7 und 8) werden ebenfalls über die Wölbungsform berechnet: Ein Tal bzw. Grat wird demnach dadurch begrenzt, dass die Wölbung von konkav zu konvex übergeht bzw. umgekehrt. Dabei arbeitet SPANS mit seinem grössten Filter (29*29 Pixel). Durch die so ermittelten Begrenzungen lassen sich Breite und Tiefe des Tals bzw. des Grates definieren.

Die am Digitalen Höhenmodell vorgenommene Reliefanalyse dient nicht nur als Basis für sämtliche anschliessenden Modellierungen, sondern hilft auch bei statistischen Untersuchungen von Reliefparametern (Abbildungen 4-2 und 4-3).

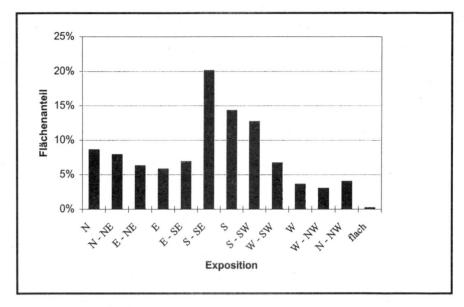

Abb. 4-2: Prozentualer Flächenanteil der Expositionsklassen (30°-Sektoren) im Untersuchungsgebiet Blauen (vgl. Kartenband: Karte 6)

Trotz der Dominanz der südlichen Expositionen sind auch nördliche ausreichend vertreten, was das Gebiet vielseitiger gestaltet, da zahlreiche unterschiedliche Mikroklimate auftreten. Dadurch wird das Untersuchungsgebiet für landschaftsökologische Untersuchungen qualitativ aufwertet.

4.2 Generalisierung und Digitalisierung

Die praktische Anwendung eines Geoökologischen Informationssystems wird durch ungenügend flächendeckende Verfügbarkeit geoökologischer Daten oder durch eine uneinheitliche Datenbasis begrenzt (R. DUTTMANN & T. MOSIMANN 1994: 3). Bevor die vorhandenen geoökologischen Felddaten zur Verarbeitung ins Geographische Informationssystem (GIS) gebracht werden können, müssen sie vorverarbeitet werden. Dieser Schritt umfasst die Digitalisierung der analogen Daten (siehe M. HUBER: 1992b), aber auch eine vorhergehende Generalisierung. Letztere erfüllt den Zweck, aber auch eine vorhergehende Generalisierung. Letztere erfüllt den Zweck, eine Abstimmung zwischen den unterschiedlichen Massstäben der Felddaten (1: 5 000 bzw. 1: 10 000) und dem vorgesehenen Massstab der zu erstellenden digitalen Karten (ca. 1: 25 000) zu erreichen.

Dabei wird so vorgegangen, dass sämtliche Flächen (z.B. Bodenformen), welche kleiner als 0.25 ha sind, nicht digitalisiert werden, da sie der Auflösung des Druckers sowieso zum Opfer fallen würden. Die gewählte Auflösung liegt innerhalb der durch G. HAASE (1964: 13) beschriebenen Untergrenze der Geoökotopgrösse, welche in der Praxis zwischen etwa 0.1 und 0.5 ha liege. Ebenso werden gewisse Strukturen (in unserem Fall die Grenzen der Bodenform- und Vegetationsareale) leicht vereinfacht digitalisiert.

In der vorliegenden Arbeit läuft der Prozess der Generalisierung in einem sehr kleinen Rahmen ab. Da sich die Auflösung einer Karte im GIS über die Wahl der Pixelgrösse[1] variieren lässt, könnte auf das Generalisieren auch ganz verzichtet werden. Allerdings steigt in diesem Fall der Speicherplatz für die elektronischen Daten enorm an. Ausserdem ist die bereits erwähnte limitierte Auflösung jedes Druckers zu berücksichtigen.

Das Digitalisieren der analogen Karten erfolgt auf einem Digitalisierbrett, welches mit dem Computer verbunden ist, auf welchem das GIS läuft. Zunächst sind einige Fixpunkte zu eichen, um die korrekte Platzierung der gezeichneten Areale im Koordinatensystem des GIS zu gewährleisten.

---

[1] Die Pixelgrösse der im Rahmen dieser Arbeit erstellten Karten liegt bei 6.4 m (Seitenlänge eines einzelnen Bildpunktes in der Realität), was dem sog. Quad-Level 10 in SPANS entspricht. Auf eine höhere Auflösung wurde aus Gründen des grösseren Speicherplatzbedarfes verzichtet

4.3　Import und Reklassifikation

Nach der sehr arbeitsaufwendigen Digitalisierung erfolgt der Import ins GIS und die Verarbeitung der Vektordaten zu Karten der SPANS eigenen "Quadtree"-Struktur. Diese Datenstruktur entspricht einem speicherplatzsparenden Rasterformat und hat einige Vorteile gegenüber herkömmlichen raster-, aber auch gegenüber vektorbasierten Systemen (siehe dazu auch M. HUBER 1995: 60). Weitere Informationen zu verschiedenen Datenformaten sowie Raster- und Vektormodellen finden wir bei T. BLASCHKE 1997: 72 ff..

Der erwähnte Datenimport verläuft in der Regel unproblematisch und relativ schnell. Die ursprünglichen Vektordaten des Digitalisierprozesses werden im GIS zunächst zu Polygonen und sodann zu einer digitalen Karte umgewandelt. Somit liegen uns nun digitale Karten aus den digitalisierten Feldkarten (Bodenart, Bodentyp, Vegetation) sowie aus der Reliefanalyse (Hangneigung, Exposition etc.) vor.

Entscheidend ist die nun folgende Reklassifikation, d. h. die Klassenbildung der Daten. Dabei wollen wir im wesentlichen nach der KA GÖK 25 (H. LESER & H.-J. KLINK: 1988) vorgehen; kleinere Variationen und Anpassungen sind aus der folgenden Aufstellung ersichtlich (Tabelle 4-2).

Parameter	Anzahl Klassen	Inhalt der Klassen
Hangneigung	4	< 2°
		2 - 7°
		7 - 15°
		> 15 °
Bodenart	6	I: sT, lT, T
		II: utL, tL
		III: lU, slU, uL
		IV: sL
		V: sU, uS
		VI: lS, t'S, u'S

Tab. 4-2: Klassen der Hangneigung und der Bodenart

Die Klasseneinteilungen stützen sich auf die KA GÖK 25 (H. LESER & H.-J. KLINK 1988: 55 und 71). Hangneigungen > 15° werden nicht weiter unterteilt, da dies für die Abschätzung der Bodenerosion kaum mehr relevant ist. Für die Bodenart werden folgende Abkürzungen verwendet: L = Lehm, S = Sand, T = Ton, U = Schluff, l = lehmig, s = sandig, t = tonig, u = schluffig, ' = schwach... (Alle übrigen Klassen treten im Untersuchungsgebiet nicht auf).

Zur kartographischen Darstellung der Hangneigung und der Bodenart siehe Karten 5 und 14 (Kartenband). Die relativen Häufigkeiten der einzelnen Neigungs- und Bodenartklassen werden in den beiden folgenden Abbildungen (4-3 und 4-4) dargestellt.

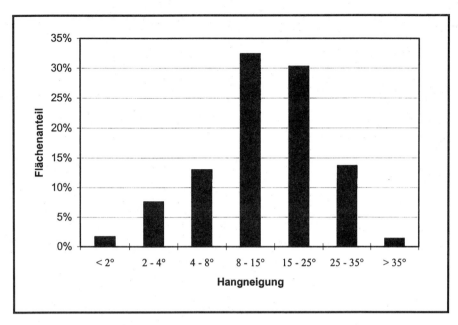

Abb. 4-3: Prozentualer Flächenanteil der Neigungsklassen im Untersuchungsgebiet Blauen (nach KA GÖK 25 [H. LESER & H.-J. KLINK: 1988])

Das Untersuchungsgebiet wird deutlich dominiert von Hangneigungen zwischen 8° und 25°, was sich – wie wir später sehen werden – in diversen Modellergebnissen (etwa bei der Bodenerosion) niederschlägt.

Die relativ grossen Flächenanteile der Hangneigungen > 8° sind ein wichtiger Faktor. Dieser bestimmt nicht nur zu einem gewissen Grad die Landnutzung (Ackerbau beispielsweise ist wegen der Erosionsgefährdung nur bei kleineren Neigungswinkeln sinnvoll), sondern beeinflusst auch Klima und Wasserhaushalt und somit – wie wir in den folgenden Kapiteln noch sehen werden – auch die Grösse und Form der auszugliedernden Geoökotope und grösseren Landschaftseinheiten.

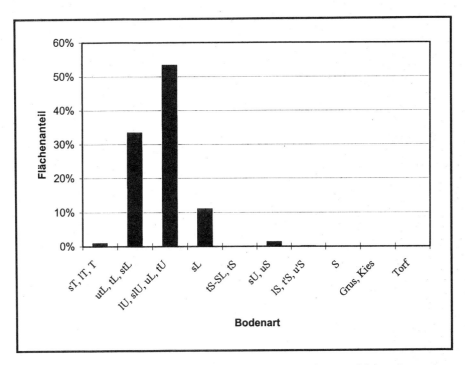

Abb. 4-4: Prozentualer Flächenanteil der im Untersuchungsgebiet auftretenden Bodenartklassen (nach KA GÖK 25)

Dargestellt sind die Klassen nach KA GÖK 25 (H. LESER & H.-J. KLINK 1988: 55 und 71). Schluff und Lehm sind etwa gleich häufig vertreten, während wir Ton und Sand nur sehr spärlich vorfinden.

Die Vegetation wurde aufgrund der Vegetationstypen nach E. OBERDORFER (1983) kartiert. Die danach unterschiedenen Typen und Untertypen sind in der KA GÖK 25 (H. LESER & H.-J. KLINK 1988: 194 ff.) aufgeführt und ergeben für unser Testgebiet 21 Klassen. Diese zweiteilige Karte kann beim Autor bezogen werden (siehe Verzeichnis der Karten).

In der vorliegenden Arbeit soll eine etwas vereinfachte Einteilung (9 Klassen) verwendet werden, welche ebenfalls aus der KA GÖK 25 stammt (Tabelle 4-3).

> 1. Mesophile und xerotherme Wälder
> 2. Bodensaure Wälder
> 3. Feucht- und Nasswälder
> 4. Nadelforste (standortfremd)
> 5. Moore und Verlandungsgürtel
> 6. Hochgebirgsbiotope
> 7. Trockenrasen und Heiden, Ruderal- und Schlagfluren
> 8. Wirtschaftsgrünland
> 9. Acker und Sonderkulturen
>
> (5. und 6. fehlen im Untersuchungsgebiet gänzlich)

Tab. 4-3:   Klassen (Grundtypen) realer Vegetation (nach KA GÖK 25 [H. LESER & H.-J. KLINK 1988: 239, leicht verändert])

Tabelle 4-3 stellt eine Vereinfachung der Vegetationstypen nach E. OBERDORFER (1983) dar.

Die Vegetationstypen aus Tabelle 4-3 werden in Karte 16 (Kartenband) wiedergegeben. Diese Karte dient auch zur Beurteilung der Landnutzung, wobei zu beachten ist, dass sowohl Vegetation wie Landnutzung jahreszeitlich variieren können und Karte 16 lediglich den Momentanzustand aus einem Sommermonat der frühen 80er Jahre widerspiegelt.

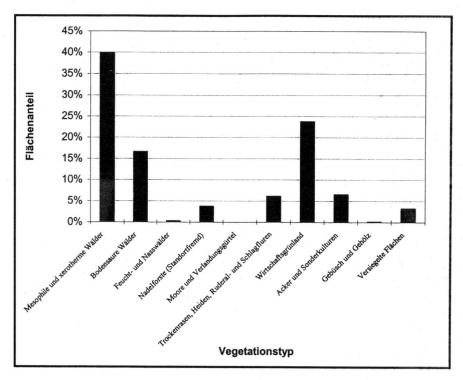

Abb. 4-5: Prozentualer Flächenanteil der im Untersuchungsgebiet auftretenden vereinfachten Vegetationsklassen (nach KA GÖK 25 [H. LESER & H.-J. KLINK: 1988])

Der grösste Teil der waldfreien Flächen wird als Wirtschaftsgrünland genutzt. Beachtenswert ist dennoch der relativ hohe Anteil der ökologisch wertvollen Trockenrasen.

Der in der Vegetationskarte (Kartenband: Karte 16) eingetragene und in die Gruppe "Feucht- und Nasswälder" eingeflossene Auenwald am Birsufer (Abbildung 4-6) dehnt sich noch weiter flussabwärts aus, jedoch wurde in diesem Gebiet nicht ganz bis ans Ufer heran kartiert.

Abb. 4-6: Auenwald unterhalb Zwingen. Standort: oberhalb der Einmündung der Strasse nach Nenzlingen in die Hauptstrasse Grellingen - Zwingen (Foto: Marius Menz, Juli 1998)

Der dem Nasswald zur Verfügung stehende Uferstreifen ist nur sehr schmal. Die Strasse und beackertes Land (vgl. Abbildung 7-6) befinden sich unmittelbar am nördlichen Birsufer gelegen, die Eisenbahnlinie unweit des südlichen Ufers.

Die Kartierung der Vegetation bzw. der Nutzung liegt fast 20 Jahre zurück. Einen Vergleich mit dem heutigen Zustand nehmen am Beispiel der Blauenweide im Grenzgebiet zur Siedlung Blauen die Abbildungen (4-7 und 4-8) vor. Es fällt der erstaunlich geringe Wandel auf, was auch darauf zurückzuführen sein dürfte, dass die Blauenweide ins Bundesinventar der Landschaften und Naturdenkmäler von nationaler Bedeutung (BLN) aufgenommen wurde. Abbildung 4-8 zeigt, dass die Verbuschung auf der Weide in den letzten Jahren zugenommen hat. Anderorts im Untersuchungsgebiet gab es in den letzten Jahren durchaus einschneidendere Veränderungen (vgl. Abbildung 7-7).

Abb. 4-7 und 4-8:   Die Blauenweide im Wandel der Zeit

Blick von der Blauenweide auf das Dorf Blauen. Der Standort befindet sich 300 m westlich von P. 660 (Stelli). Auffallend ist die Zunahme der Verbuschung auf dem Weideland, während sich die Obstkulturen kaum verändert haben. [Fotos: GP 104, Juli 1982 (oben); Marius Menz, Juli 1998 (unten)].

Abb. 4-9: Aufgeforsteter Nadelwald in der Schneise einer Hochspannungsleitung. Standort: Chuenisberg westlich der Nenzlinger Weide, Blick nach SW (Foto: Marius Menz, April 1998)

Abbildung 4-9 zeigt eine anthropogen hervorgerufene Waldlichtung, welche durch Aufforstung wiederbewaldet werden soll. Bei solchen Massnahmen ist darauf zu achten, dass keine standortfremden Bäume verwendet werden (vgl. auch Kapitel 7.3.1).

Abb. 4-10: Mesobrometum ob Dittingen (im Hintergrund verbuscht). Standort: Chälen (604 400 / 254 900 / 490 m ü. M.), Blick nach SE (Foto: GP 106, Juli 1982)

Das im Vordergrund am Obmert-Abhang sichtbare Mesobrometum (Halbtrockengras) ist unbeweidet. Im Hintergrund, an der steilen, stark terrassierten Dittingerweide, erkennt man ausgeprägte Verbuschung.

Abbildung 4-10 stellt einen für unser Gebiet typischen Landschaftsausschnitt dar: kleinräumig gegliederte Steilhänge mit Trockenrasen und Büschen, geprägt von starker Sonneneinstrahlung und trockenem Klima, teilweise als Weideland genutzt. Daran anschliessend dichter Wald sowie in den tieferen Lagen Siedlungen.

Soweit die Ausführungen zur Reklassifikation der kartierten Strukturgrössen. Auf die Reklassifikation der Prozessgrössen wird in Kapitel 4.5 im Rahmen der Beschreibung der Modelle eingegangen.

4.4 Einzelkarten und Synthese

4.4.1 Einzelkarten

Aus Felderhebungen digitalisiert	Aus dem Digitalen Höhenmodell berechnet (Reliefanalyse)
Bodenart	Hangneigung
Bodentyp	Exposition
Vegetation / Landnutzung	Kurvatur (Wölbungen)
pH-Wert	Grat- und Talbreiten sowie -tiefen
Lithologie (Substrat)	Potentielle Besonnung
Bodenmächtigkeit	Versickerung
Humusgehalt (nur TEG Nenzlingen)	Relative Bodenfeuchte
	Frostgefährdung
	Erosionsgefährdung

Tab. 4-4: Für die vorliegende Arbeit verwendete Parameter

Enthalten sind jene Parameter, die selbständig in digitalen Karten dargestellt werden. Es sind einerseits aus Felddaten digitalisierte Parameter (Bodenart, Bodentyp etc.), andererseits aus dem digitalen Höhenmodell berechnete (Hangneigung, Exposition etc.) sowie aus letzteren modellierte (Versickerung, Erosionsgefährdung etc.).

Die Parameterkarten (Tabelle 4-4) wurden zum einen Teil digitalisiert, zum anderen Teil mit Hilfe der Reliefanalyse aus dem Digitalen Höhenmodell berechnet. Die Bodenfeuchte, Frost- und Erosionsgefährdung sind aus mehr oder weniger komplizierten Modellierungen (siehe Kapitel 4.5) heraus entstanden. Alle diese Karten stellen jedoch schliesslich nur ein einziges Thema (z. B. den pH-Wert oder die Frostgefährdung für ein bestimmtes Areal) dar. Wie durch die Überlagerung dieser Karten neue Informationen gewonnen werden können, werden wir im folgenden Kapitel sehen.

4.4.2 Synthesekarten

Für viele geoökologische Fragestellungen (z. B. der nach der Eignung oder Verträglichkeit von Arealen für eine bestimmte Landnutzungsform) sind kombinierte Karten – sog. Synthesekarten oder Komplexkarten – besonders erwünscht. Die Synthesekarten tragen dem Gedanken der Geoökologie in hohem Masse Rechnung, weil sie verschiedene Sachverhalte gleichzeitig darstellen. Bekanntlich zeichnet sich die Geoökologie ja gerade dadurch aus, dass sie mehrere Gegenstandsperspektiven miteinander vereinigt und somit den holistischen (=ganzheitlichen) Ansatz repräsentiert.

Solche Synthesekarten bedingen jedoch oft eine starke Vereinfachung der sie aufbauenden Einzelinformationsschichten (=Parameterkarten), wodurch viel Information verloren geht. Die nötigen Vereinfachungen werden durch Klassenreduktionen bei den Einzelparametern erreicht. Die Notwendigkeit dieser Vereinfachungen liegt primär in der Gewährleistung der Übersichtlichkeit der zu erstellenden Karten, die vom gewählten Ausgabemassstab abhängig ist.

Zur Vorbereitung unserer Daten für die geplante Geoökotop-Bildung werden für die *Strukturgrössen* Bodenart, Hangneigung und Vegetation je drei Klassen, für die *Prozessgrössen* Frostgefahr, Erosionsgefährdung, Bodenfeuchte sowie potentielle Besonnung je zwei Klassen gebildet (Tabelle 4-5).

Parameter / Eingangsgrösse	Klassen
Bodenart	Sand; Schluff; Ton
Vegetation / Landnutzungsform	Wald; Wiese; Acker
Hangneigung	Ebene (<2°); Flachhang (<15°); Steilhang (>15°)
Kaltluftgefährdung	relativ gross; relativ gering
Erosionsgefährdung	relativ gross; relativ gering
Bodenfeuchte	relativ trocken; mässig feucht bis feucht
Potentielle Besonnung	günstig; ungünstig

Tab. 4-5: Klassenbildung bei den verwendeten Eingangsgrössen

Die strukturellen Parameter werden zu je drei Klassen, die prozessualen Parameter zu je zwei Klassen zusammengefasst. Die Klassengrenzen werden zum Teil qualitativ, zum Teil quantitativ festgelegt (siehe Kapitel 4.5).

Die Prozessgrössen werden nach Tabelle 4-5 mit qualitativen Merkmalen ausgestattet, da wir aus den bereits erwähnten Gründen der Übersichtlichkeit mit nur je zwei Klassen pro Prozessgrösse arbeiten wollen. Dies vermindert zwar den quantitativen Charakter; allerdings wird in zwei Fällen die Grenze zwischen den beiden Klassen quantitativ festgelegt, wie wir später sehen werden. Die entwickelten Modelle zur Abschätzung der Bodenfeuchte und des Frostes lassen jedoch – etwa im Gegensatz zum verwendeten Erosionsmodell – keine quantitativen Aussagen zu, da sie nicht auf Messwerten basieren.

Die Vorteile qualitativer Aussagen liegen in kleineren absoluten Fehlern und auch darin, dass wir der Fehlerspannbreite während der Datenaufnahme eher gerecht werden. Die Grenzen zwischen den jeweils zwei Klassen der Prozessmodelle werden in Kapitel 4.5 dargelegt und begründet.

Die geringe Klassenzahl ist bei der Berücksichtigung von sieben Parametern für die Geoökotop-Ausgliederung leider unumgänglich, weil sonst die resultierende Anzahl Geoökotope so gross ist, dass damit nicht mehr vernünftig gearbeitet werden kann und eine kartographische Darstellung z. B.

im Massstab 1: 25 000 verunmöglicht wird. Je nach Fragestellung und Untersuchungsgebiet wird man sich in der Praxis eventuell auf weniger Parameter beschränken können, was eine detailliertere Klassenbildung erlaubt. So beispielsweise in den Niederungen der Tropen, wo Frost kein Thema ist. Zielt die Fragestellung jedoch auf einen erfolgreichen Anbau bestimmter Produkte, so müsste dort anstatt des Frostes eine massgebliche Temperaturgrenze miteinbezogen werden, was wiederum zur gleichen Anzahl miteinander zu verschneidender Parameter führte.

Zunächst wollen wir mit *allen* Eingangsparametern arbeiten, da sie für eine Geoökotop-Ausgliederung als relevant eingestuft wurden. Die verwendete Klasseneinteilung ergibt bei der Überlagerung der sieben Karten im GIS nach zweimaliger Filterung (siehe unten) noch immer über 90 verschiedene Geoökotopklassen für das Gesamtgebiet. Dabei werden die Kleinsttope (Gesamtfläche <0.25 ha) nicht einmal berücksichtigt. Diese Menge ist bezüglich Unterscheidbarkeit und Lesbarkeit kaum akzeptabel, es sei denn, man möchte die Karte nur digital verwenden und auf einen Ausdruck verzichten, was hier nicht der Fall ist.

Nicht zu vermeiden sind im übrigen einzelne Kleinstareale, welche im Total für eine bestimmte Geoökotopklasse eine Fläche grösser als 0.25 ha ergeben und deshalb berücksichtigt werden (vgl. Kapitel 4.2). Sie könnten über ausgewählte statistische Methoden eliminiert werden. Das würde jedoch den Rahmen dieser Arbeit sprengen und liesse sich mit dem Ziel einer pragmatischen Gliederungsmethodik (vgl. Kapitel 1.5.1) nicht mehr vereinbaren. Durch die vorgenommenen Filterungen verschwinden die erwähnten Kleinstareale zum grossen Teil, so dass sie im Ausdruck kaum mehr auszumachen sind.

Auf die Filterungen wird hier im Detail nicht eingegangen. Im wesentlichen geht es darum, dass einem zentralen Bildelement (Pixel) der häufigste Wert einer bestimmten Nachbarschaftsumgebung (z. B. 3*3 Pixel) zugewiesen wird (siehe dazu M. HUBER 1995: 68 ff.). In der vorliegenden Arbeit wurde in der Regel mit einem 3*3-Filter gearbeitet, da dies in SPANS der kleinste

Filter ist und somit Korrekturen an ungewünschten Stellen minimal gehalten werden können.

Die eben besprochene Methode der Kartensynthese ist das Produkt eines Prozesses des Überlegens und Ausprobierens, der mit relativ einfachen Mitteln in relativ kurzer Zeit ein befriedigendes Resultat liefern soll. Das Resultat ist dann befriedigend, wenn die Methode in der Praxis ohne geoökologischen Sachverstand angewendet werden kann. Wie bereits erwähnt, kann die Wahl in einem anderen Untersuchungsgebiet (insbesondere in einer anderen Klimazone) oder im Falle spezieller Fragestellungen (z. B. bzgl. Stoffflüsse) auf andere Parameter fallen. Die hier verwendeten schienen dem Autor aber *zunächst* eine gute Grundlage zu bilden für das Ziel einer "allgemeinen" (nicht auf eine bestimmte Fragestellung gerichteten) geoökologischen Naturraum-Kennzeichnung und – in einem späteren Schritt – für deren Bewertung.

Es wäre zu ergänzen, dass die gleichzeitige Verschneidung aller sieben Eingangsgrössen nicht dem ursprünglichen (ausgangs Kapitel 3 formulierten) Vorhaben entspricht, die strukturellen und die prozessualen Parameter separat zu kombinieren. Im Verlaufe des erwähnten "Ausprobierens" zeigte sich jedoch kein Vorteil der einen gegenüber der anderen dieser beiden Methoden. Die separate Verschneidung der Parameter Hangneigung, Bodenart und Vegetation zu strukturell ermittelten Arealen und deren anschliessende Überlagerung mit den durch Verschneidung der Prozessgrössen ermittelten Arealen, brachte auf komplizierterem Weg kein befriedigenderes Resultat als der direkte Weg der Verschneidung aller sieben Parameter auf einmal.

Wir werden in Kapitel 5 sehen, dass für die definitive Ausgliederung der Geoökotope schliesslich eine andere, noch einfachere Methodik gewählt wurde, weil die erwähnte Karte mit 92 Klassen praktisch unlesbar wäre.

4.4.3 Das Teilgebiet Nenzlingen

In einem Teilgebiet innerhalb unseres Untersuchungsraumes wurden im Rahmen einer Diplomarbeit (R. SOLLBERGER: 1982) zu einigen zusätzlichen Themen wie Humusgehalt, Gründigkeit des Bodens (Kartenband: Karten 17a und 17b) etc. Daten erhoben sowie diverse Untersuchungen zur Vegetation vorgenommen. Dieses Gebiet, welches von der Ausdehnung her etwa einem Drittel des UG Blauen entspricht, eignet sich für die Produktion und Verschneidung diverser Karten, für welche das Datenmaterial in den restlichen Gebieten nicht genügen würde.

Innerhalb des in Kapitel 2.1 angesprochenen Biodiversitätsprojektes des SNF sind folgende Arbeiten zu erwähnen, die auf der Nenzlinger Weide durchgeführt wurden: M. JÄGGI (in Vorb.), P. OGERMANN (1999), C. ROGGO (1998), B. SPYCHER (1997) sowie C. WALTHER (1997). Die Testfläche "Nenzlinger Weide" (*Nänzlingenweid*) ist eine extensiv bewirtschaftete Magerwiese (artenreicher Kalk-Trockenrasen mit 111 verschiedenen Pflanzenarten) und wird pedologisch wie folgt umschrieben: *„Das Substrat der Böden wird aus periglazialen Deckschichten aufgebaut. Daraus hat sich im Holozän eine mittelgründige Rendzina mit günstigen bodenchemischen und bodenbiologischen Eigenschaften entwickelt."* (P. OGERMANN, B. SPYCHER, D. SCHAUB & R. SOLLBERGER 1994: 91). Die Nenzlinger Weide befindet sich auf ca. 500 m ü. M., an einem 19-22° steilen Hang der Exposition Südsüdwest (Koordinaten: 609 730 / 255 330).

Abb. 4-11: Messfeld Nenzlinger Weide (Foto: Marius Menz, April 1998)

Auf diesem Feld wurden für das interdisziplinäre Biodiversitätsprojekt zahlreiche Messungen durchgeführt, unter anderem darüber, wie sich Pflanzen bei erhöhtem CO_2-Gehalt in der Atmosphäre verhalten. Der in Kapitel 2.2 sowie auf Karte 1 (Kartenband) erwähnte Windmast "W" stand an derselben Stelle wie der kleinere hier im Bild.

Vorige Seite:

Abb. 4-12: Blick von der Nenzlinger Weide nach Osten

Im Vordergrund ist die geringe Bodenmächtigkeit bei anstehendem Kalkfels erkennbar, im Hintergrund einzelne Obstbäume. (Foto: Marius Menz, April 1998).

Im Rahmen dieser Arbeit kann kaum von den mannigfaltigen Möglichkeiten der Datenauswertung in diesem Teilgebiet Gebrauch gemacht werden, da sie nur zu einem Teil für unsere Ziele benötigt werden. Es findet sich jedoch in Kapitel 6.2 (Beispiel 6) eine Karte über den zu erwartenden Boden-Nährstoffgehalt (Kartenband: Karte 32). Damit soll ein Bezug zum Biodiversitätsprojekt aufrechterhalten und für mögliche nachfolgende Arbeiten eine gewisse Datenbasis über die Nenzlinger Weide erhalten bleiben.

4.5 Verwendete Modelle

Die geoökologischen Prozesse sollen als Kenngrössen in die Ausgliederung der Geoökotope einfliessen. Dies bedingt deren Modellierung. Benutzt werden prozessuale Kenngrössen, welche geoökologische Risiken darstellen. Der Begriff "Risiko" soll hier nicht streng definiert, sondern lediglich umschrieben[1] werden: Als geoökologische Risiken werden Prozesse (z. B. Bodenerosion) bzw. deren Wirkungen (z. B. Frostschäden) bezeichnet, welche für den Naturhaushalt oder auch nur für den Menschen negative Folgen (Abspülung des Oberbodens, Verlust der Ernte etc.) haben können. Die Risiken sind dabei je nach Untersuchungsgebiet unterschiedlich zu wählen. So ist es beispielsweise nicht sinnvoll, Frost in Permafrostgebieten, wo er einen wichtigen Beitrag zur Stabilität der Hänge leistet und wo sowieso kein Ackerbau betrieben werden kann, als Risiko zu bezeichnen.

---

[1] vgl. auch Kapitel 1.4, wo bewusst eine etwas andere Umschreibung gewählt wurde.

4.5.1 Bodenerosionsmodell

Für den Prozessbereich der Feststofftransporte wird das in den achtziger Jahren entwickelte Erosionsmodell der BA LVL (R. MARKS et al.: [2]1992) leicht vereinfacht und geringfügig modifiziert. Die Vereinfachungen beziehen sich auf eine Beschränkung auf die Wassererosion und die Vernachlässigung des Humus- und Skelettgehaltes sowie der Gründigkeit des Bodens.

Die Winderosion darf durch die klimatischen Gegebenheiten im Untersuchungsgebiet vernachlässigt werden, zumal auch keine auswehungsfähigen Substrate und entsprechenden Bodenbedeckungen (Löss) vorliegen. Flächenhaft ermittelte Daten über Humus- und Skelettanteil des Bodens sind im Gebiet nur ungenügend vorhanden. Angaben zur Bodengründigkeit reichen aus und fliessen zusammen mit dem pH-Wert in eine separate Risikokarte ein.

Bei der Modellierung wird folgendermassen vorgegangen: Die ursprünglich sieben Bodenartenklassen (vgl. MARKS et al. [2]1992: 53 ff.) werden zunächst in zwei verschiedene Gefahrenstufen eingeteilt. Als Grenzwert wird ein K-Wert von 0.4 (U. SCHWERTMANN: 1981) verwendet, gemäss BA LVL. Als nächstes folgen Zu- bzw. Abschläge für den Einfluss der Oberflächenform, repräsentiert durch die Wölbung. Hier wird der BA LVL gefolgt. Stufe drei bezieht die Hangneigungsklassen mit ein. Die in der BA LVL verwendeten Klassen werden um eine reduziert, um die gleichen Klassengrenzen wie in der Hangneigungskarte zu erreichen (0-2°, 2-4°, 4-7°, 7-15°, >15°).

Die darauffolgende nutzungsabhängige Korrektur wird insofern vereinfacht, als Acker und Schwarzbrache gleichbehandelt werden müssen (Multiplikator 3, nach BA LVL), da sie nicht separat kartiert wurden. Daraus werden drei Klassen des Erosionswiderstandes ermittelt (Kartenband: Karte 18) und diese anschliessend für die weitere Verwendung noch zu zwei unterschiedlichen Abtragsraten zusammengefasst (<10 t/(ha·a); >10 t/(ha·a)). Das geschieht, weil wir uns entschieden haben, für die Geoökotop-Ausgliederung mit nur je zwei Klassen pro Prozess zu arbeiten.

Mit dieser Methodik werden allerdings gut 60 % der Gebietsfläche als erosionsgefährdet ausgewiesen, was nicht der Wirklichkeit entspricht und darauf zurückzuführen ist, dass die BA LVL unter Wald nicht generell keine Erosion vermutet. Zwar ist Erosion unter Wald durchaus nicht unwahrscheinlich. Dennoch muss im Bedarfsfall (d.h., falls Kontrollen im Feld ergeben, dass das Modell im Wald ungenügende Resultate liefert) nachträglich eine Vegetationskarte (Kartenband: Karte 16) beigezogen und diese mögliche Schwäche des Erosionsmodells korrigiert werden.

Die Bodenerosion wird in dieser Arbeit modelliert, weil sie im Untersuchungsgebiet ein nicht zu unterschätzendes Problem darstellt. Dies vor allem wegen seiner ausgedehnten Steilhänge und deren Beweidung. Der geoökologische Charakter der Bodenerosion gründet sich zur Hauptsache darauf, dass mit dem Abtrag des Oberbodens wichtige Nährstoffe ausgewaschen werden und diese wiederum zu einer Gewässerverschmutzung führen können.

4.5.2 Kaltluftmodell

Die Modellierung der Kaltluft gestalten wir etwas einfacher als diejenige der Erosion. Wir modellieren nicht die dynamischen Kaltluftströme, sondern das (statische) Kaltluftrisiko bzw. – bei entsprechenden geländeklimatischen (d.h. geomorphographischen) Voraussetzungen – das Frostrisiko für einen bestimmten Reliefausschnitt. Miteinbezogen werden lediglich die Reliefform sowie die xy-Vegetation (d.h. ohne Berücksichtigung ihrer vertikalen Ausdehnung). Für die Waldgebiete wird generell keine Frostgefährdung angenommen, weil die thermische Ausgleichsfunktion des Waldes das Frostrisiko stark herabsetzt und der Wald Kaltluftflüsse weitgehend abblockt. Die untersten 50 Höhenmeter[1] im Gebiet – das wäre der Einschnitt des Birstales – scheiden wir generell als frostgefährdet aus. Dies stützt sich

---

[1] Der Kaltluftsee im Birstal kann auch während der Vegetationszeit eine grössere Mächtigkeit als die gewählten 50 Meter aufweisen (vgl. Abbildung 4-13).

auf die Beobachtung, dass das Birstal als Sammelbecken für die Kaltluft wirkt. In unser Modell werden klimatische Messwerte der Temperatur, Frosttage etc. (vgl. Kapitel 2.2) nicht einbezogen, da für das Gebiet viel zu wenig Messstationen vorliegen.

Ausgangspunkt für das verwendete Modell bildet das geomorphographisch durch Reliefelemente charakterisierte Georelief, unter besonderer Berücksichtigung der Hangneigung, sozusagen Relieffacetten ohne Berücksichtigung der Exposition (vgl. Kartenband: Karten 11a und 11b). Diesen 19 Klassen werden fünf Frostgefahrenstufen (1 = sehr geringe Gefahr; 5 = sehr grosse Gefahr) zugeordnet (Tabelle 4-6).

Reliefform	Frostgefährdungsstufe
Ebene	4
Flach gestreckt	3
Steil gestreckt	2
Flach, horizontal konvex, vertikal konvex	2
Flach, horizontal konkav, vertikal konkav	5
Flach, horizontal konvex, vertikal konkav	4
Flach, horizontal konkav, vertikal konvex	3
Flach, horizontal konvex, vertikal gestreckt	3
Flach, horizontal konkav, vertikal gestreckt	4
Flach, horizontal gestreckt, vertikal konkav	5
Flach, horizontal gestreckt, vertikal konvex	2
Steil, horizontal konvex, vertikal konvex	1
Steil, horizontal konkav, vertikal konkav	4
Steil, horizontal konvex, vertikal konkav	3
Steil, horizontal konkav, vertikal konvex	2
Steil, horizontal konvex, vertikal gestreckt	2
Steil, horizontal konkav, vertikal gestreckt	3
Steil, horizontal gestreckt, vertikal konkav	4
Steil, horizontal gestreckt, vertikal konvex	1

Vorige Seite:

Tab. 4-6: Reliefbedingte Frostgefährdungsstufen

In Tabelle 4-6 werden unterschiedlichen Reliefformen empirisch gewonnene Frostgefährdungsstufen zugeordnet: In vertikaler Richtung konkaven Arealen wird das höchste Frostrisiko zugewiesen.
Ebene = Neigung <2°; flach = Neigung 2-15°; steil = Neigung >15°.

Abb. 4-13: Blick auf den Kaltluftsee im Laufener Becken

Der Blick geht vom Schemel oberhalb Dittingen gegen Süden. Die Obergrenze der Kaltluft liegt bei etwa 500 m ü. M. Gemäss R. L. MARR (1970: 93) handelt es sich um einen Kaltluftsee 2. Ordnung, d.h. um einen Kaltluftsee, der sich in Bodennähe der Haupttäler befindet und sowohl witterungsabhängig als auch geländebedingt ist. (Foto: Martin Grob, Oktober 1984).

Schliesslich werden diese fünf Klassen zunächst zu dreien (Kartenband: Karte 19) reduziert, indem die Frostgefahrenstufen eins und zwei sowie vier und fünf zu je einer einzigen Klasse zusammengefasst werden. Zur Vorbereitung auf die Geoökotop-Ausgliederung erfolgt zuletzt noch eine weitere Reduktion auf insgesamt zwei Klassen, wobei die mittlere Gefahrenstufe sicherheitshalber der mehr gefährdeten Klasse zugerechnet wird. Mit diesem Vorgehen werden 36 % des Untersuchungsgebietes als frostgefährdet[1] ausgewiesen, was aufgrund des recht grossen Birstaler Kaltluftbeckens und den kaum gefährdeten, ausgedehnten südexponierten Hängen des Blauens als einigermassen realistisch bezeichnet werden darf.

Das in der vorliegenden Arbeit verwendete Kaltluftmodell ist – im Gegensatz beispielsweise zum Erosionsmodell – rein qualitativer Natur. Dies bedeutet, dass für ein bestimmtes Areal keine mittlere Anzahl Frosttage oder Daten des zu erwartenden ersten und letzten Frostes im Jahr, wie sie für den Anbau bestimmter Produkte nützlich sein könnten, angegeben werden können. Es bedeutet ausserdem, dass die angestrebte Geoökotop-Ausgliederung schliesslich zumindest teilweise auf qualitativen Daten basieren wird.

Mit der Kaltluftmodellierung mit Hilfe eines GIS befassten sich am Geographischen Institut der Universität Basel auch schon P. MARXER (1994) sowie H.-P. HALLER (1995). Letzterer bezog die Oberflächenreibung in sein Kaltluftmodell ein, was in unserem Fall zu komplex wäre, da die Kaltluftgefährdungskarte nur als Vorstufe für eine Geoökotopkarte benötigt wird.

Die Kaltluftgefährdung wird in der vorliegenden Arbeit berücksichtigt, weil insbesondere der Kaltluftsee des Birstals für den Ackerbau im Gebiet geoökologisch relevant ist bezüglich der Frostverträglichkeit bestimmter Anbausorten.

---

[1] Man beachte, dass die Begriffe "Frostgefährdung" und "Kaltluftgefährdung" im hier verwendeten Modell äquivalent gebraucht werden, da es nur relative Unterschiede herauszuarbeiten versucht. Allerdings ist Kaltluft im positiven Temperaturbereich meist irrelevant.

4.5.3 Strahlungs- oder Besonnungsmodell

Für die direkte Sonneneinstrahlung wird der Ansatz nach A. MORGEN (1957) verwendet, welcher aus der Hangneigung und der Exposition Werte für die potentielle Besonnung für bestimmte Breitenlagen berechnete. Auf eine Korrektur für die Horizontabschattung wollen wir verzichten, da der grösste Teil unseres Untersuchungsgebietes südexponiert ist und somit von einem stets relativ hohen Sonnenstand profitiert.

Der Ansatz nach A. MORGEN sieht so aus: Für acht unterschiedliche Himmelsrichtungen und verschiedene Hangneigungen (10°-Klassen) wird für jeden Monat die potentielle Besonnung ohne Horizontabschattung in kcal/cm^2 berechnet (A. MORGEN 1957: 4 ff.). Die Werte beziehen sich auf 50° nördliche Breite; die lagebedingten Abweichungen für die Region Basel (um 47° 30' nördliche Breite) sind vernachlässigbar. Die acht Richtungssektoren ergeben nur fünf Klassen, da die Expositionen Ost und West, Nordost und Nordwest sowie Südost und Südwest jeweils die gleichen Besonnungswerte erzielen. Dabei wird für unser Modell nicht die jährliche Besonnungsmenge benutzt, sondern die während der Vegetationsperiode (April - November), da nur diese gemäss H. ELLENBERG (^{5}1996) pflanzenökologisch relevant ist.

Es werden zunächst sieben Besonnungsklassen (<30, 30-44, 45-59, 60-74, 75-89, 90-104, >104 kcal/cm^2) gebildet und in Karte 20 (Kartenband) dargestellt. Für die Ausgliederung der Geoökotope wollen wir wiederum zwei Grossklassen bilden, die Grenze wird bei 90 kcal/cm^2 festgesetzt. 90 kcal für die acht Monate der Vegetationszeit entsprechen in etwa 110 kcal für das ganze Jahr. Dieser Wert wird auch von M. HÜTTER (1996: 132) als Schwellenwert zwischen normal und unterdurchschnittlich besonnt gewählt, nachdem er die von A. MORGEN (1957) angegebenen Werte über alle Hangneigungsklassen und Expositionen mittelte. Mit dieser Klassifizierung fallen 70 % des Gebietes in die Kategorie "begünstigt" und 30 % in die Kategorie "benachteiligt". Da im Untersuchungsgebiet südexponierte Hänge dominieren (vgl. Abbildung 4-2), ist dieses Verhältnis angemessen.

Denkbar wäre auch, zusätzlich den Wald in das Strahlungsmodell einzubeziehen. Der Autor sieht davon ab, weil unterschiedlich aufgebauter Wald (Laubwald, Nadelwald, Jungholz, Altholz etc.) die Besonnung ganz verschieden einschränkt. Da unser Gebiet über eine detaillierte Vegetationskarte (Kartenband: Karte 16; vgl. auch die Bemerkungen im Anschluss an das Verzeichnis der Karten) verfügt, wäre diese Korrektur durchaus mit entsprechendem Mehraufwand, d.h. durch Besonnungsmessungen an ausgewählten Standorten im Feld, durchzuführen und soll als Anregung für eine mögliche nachfolgende Arbeit dienen (siehe Kapitel 6.2: Beispiel 14). Für diesen Fall wäre auch eine Korrektur für die Horizontabschattung empfehlenswert.

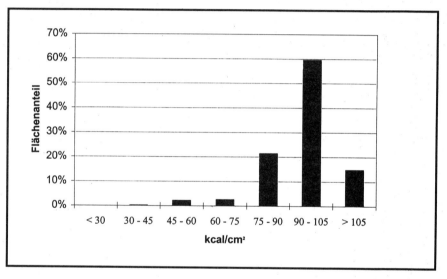

Abb. 4-14: Prozentualer Flächenanteil der Besonnungsklassen (in kcal/cm^2) im untersuchten Gebiet

Abbildung 4-14 zeigt die prozentuale Häufigkeit der verschiedenen Besonnungsklassen im Untersuchungsgebiet. Die häufig hohen Werte überraschen nicht, da die Südexposition im Gebiet klar dominiert (vgl. Abbildung 4-2).

Die Besonnung wurde modelliert, weil sie innerhalb des Untersuchungsgebietes (Nordhang – Südhang) sehr grosse Variationen aufweist. Der Autor misst ihr jedoch nicht denselben Stellenwert bei, wie den beiden zuvor behandelten Parametern (Erosion, Frost), da ein Über- oder Unterangebot in der gemässigten Klimazone keine grösseren ökologischen Schäden verursacht Die Besonnung hat jedoch einen starken Einfluss auf die Bodenfeuchte, deren Modellierung als nächstes erläutert wird.

4.5.4 Bodenfeuchtemodell

Das Modell für die Bodenfeuchte gestaltet sich wieder etwas komplizierter durch einen sog. Index-Overlay in SPANS. Der Index-Overlay erlaubt, die ins Modell aufgenommenen Parameter unterschiedlich stark zu gewichten und zu bewerten. Miteinbezogen werden sollen Exposition, Reliefelemente, Bodenart, Vegetation sowie zwei Höhenstufen (kollin und submontan). Niederschlagsmenge und Mitteltemperatur werden innerhalb der beiden verwendeten Höhenstufen als homogen angenommen, was eine Vereinfachung darstellt, in unserem relativ kleinen Gebiet jedoch zulässig ist. Verglichen mit dem schon beschriebenen Modell der potentiellen Versickerung (Tabelle 4-1) geht die Reliefform etwas vereinfacht ins Bodenfeuchtemodell ein, indem die Hangneigung nicht mehr explizit berücksichtigt wird. Dies ist vertretbar, da die Bodenfeuchte stärker von der Reliefform als von der Hangneigung abhängig ist.

Exposition und Bodenart sollen mit je 25 % am stärksten gewichtet werden, gefolgt von Vegetationstyp und Reliefform mit je 20 % und der Höhenstufe mit 10 %. Diese Werte wurden empirisch ermittelt. Die erreichten Resultate können schliesslich kontrolliert werden und zu einer Anpassung des Modells führen, was in dieser Arbeit aus Zeitgründen jedoch nicht mehr geschehen konnte. Die Höhenstufe wurde am schwächsten gewichtet, weil sie in unserem Fall keinen allzu grossen Einfluss auf die Bodenfeuchte hat, da die Durchschnittstemperaturen und somit die potentiellen Verdunstungswerte sowie die Niederschlagsmengen innerhalb des Höhenbereiches des

Testgebietes nur geringfügig variieren. Die einzelnen Klassen innerhalb eines Parameters werden wie folgt bewertet:

Parameter	Klassen	Bewertung
Exposition Gewichtung: 0.25	Nord (315-45°)	5 Punkte
	West und Ost (45-135° bzw. 225-315°)	3 Punkte
	Süd (135-225°)	1 Punkt
Bodenart Gewichtung: 0.25	tonig	5 Punkte
	schluffig	3 Punkte
	sandig	1 Punkt
Höhenstufe Gewichtung: 0.1	kollin ($\leq$600 m)	2 Punkte
	submontan (>600 m)	3 Punkte
Vegetation Gewichtung: 0.2	Wald	5 Punkte
	Wiese	3 Punkte
	Ackerland	1 Punkt
Reliefform Gewichtung: 0.2	vertikal und horizontal konkav	5 Punkte
	konkav bzw. gestreckt	4 Punkte
	vertikal und horizontal gestreckt	3 Punkte
	gestreckt bzw. konvex	2 Punkte
	vertikal und horizontal konvex	1 Punkt

Tab. 4-7: Im Bodenfeuchtemodell verwendete Eingangsgrössen und deren Bewertung

Der Autor begründet sein Bewertungsverfahren wie folgt:

- Exposition: Nordexpositionen sind am kühlsten, was die Verdunstung reduziert und somit den Boden nach dem Niederschlag länger feucht hält.
- Bodenart: Tonige Böden lassen das Wasser weniger durch als sandige und bleiben somit länger feucht; schluffige nehmen eine Mittelstellung ein.
- Höhenstufe: Wie bereits erwähnt sind hier die Unterschiede gering. Die submontane Stufe zeichnet sich im Vergleich zur kollinen durch geringfügig grössere Niederschlagsmengen und tiefere Temperaturen aus, was zu feuchteren Böden führt.

- Vegetation: Wald lässt den Boden weniger schnell abtrocknen als Wiese oder sogar Acker, da die Bäume (und auch höhere Gräser) das Sonnenlicht und damit Wärme zurückhalten.
- Reliefform: Konkave Wölbungen sammeln das Wasser, daher muss an diesen Stellen viel mehr Wasser versickern, was den Boden schneller sättigt und länger feucht hält.

Je mehr Punkte sich für ein Areal addieren, desto höher ist die dort zu erwartende Bodenfeuchte. Die fünf Klassen (sehr trocken – trocken – mässig feucht – feucht – sehr feucht) werden zunächst zu dreien (trocken – mässig feucht – feucht) zusammengefasst, wobei die Klassen eins mit zwei sowie vier mit fünf verschmelzen (Kartenband: Karte 21). Ein analoges Vorgehen erfolgte ja bereits beim Kaltluftmodell (Kapitel 4.5.2).

Die für die Geoökotop-Ausgliederung notwendige weitere Reduktion zu zwei Klassen kann unter verschiedenen Gesichtspunkten vorgenommen werden: Würden für einen Untersuchungsraum Feuchtgebiete als Problem (z. B. für die landwirtschaftliche Tätigkeit) erachtet werden, so wäre die mittlere der drei Klassen zu den Trockengebieten zu schlagen, so dass die Feuchtgebiete separat ausscheidbar wären. Dies kann auch sinnvoll sein für eine Ausweisung von Schutzgebieten (Feuchtbiotope). Nur gerade 6.4 % des Gesamtgebietes fielen in unserem Untersuchungsgebiet auf diese Weise in die "Feuchtklasse", was aufgrund der lithologischen Voraussetzungen (Kalk) nicht überrascht.

Für die hier vorgenommene Geoökotop-Ausgliederung sollen die Zonen mit *Austrocknungsgefahr* gesondert behandelt werden, da diese am kalkdominierten Blauen-Südhang verbreitet auftritt. Folglich werden die potentiellen Trockenzonen separat aufgeführt. Der geoökologische Charakter der Austrocknungsgefahr liegt in gemässigten Klimaten vor allem in der dadurch begünstigten Winderosion, welche wie die Erosion durch Wasser zu Nährstoffverlust des Bodens und Schadstoffeintrag in die Gewässer führen kann. In ariden Gebieten wäre weitreichende Wasserknappheit das Hauptproblem.

Austrocknungsgefahr äussert sich in der Landschaft durch trockenheitsliebende Vegetation (Trockenrasen etc.) sowie durch ein entsprechendes Bodenmuster. Die mit Hilfe unseres Modells ausgeschiedenen Trockengebiete nehmen 25.3 % der untersuchten Fläche ein.

Ein Vergleich der modellierten Bodenfeuchte mit der Karte der Bodentypen (Kartenband: Karte 15) zeigt, dass die im Rahmen der Geländepraktika kartierten Gleyböden nicht mit potentiell hoher Feuchte korrelieren. Das überrascht nicht, da Gleye durch Grundwasser geprägt sind, das im Modell unberücksichtigt blieb. Pseudogleye hingegen finden wir tatsächlich nur an mit "feucht" oder zumindest "mässig feucht" bezeichneten Lokalitäten, wie die in Karte 15 (Kartenband) dargestellten Aufnahmen der Geländepraktika belegen.

Das verwendete Bodenfeuchtemodell könnte mit der Methode der Zeigerwerte (E. LANDOLT: 1977) mittels der ökologischen Feuchtezahl überprüft werden (vgl. Kapitel 6.2: Beispiel 9). R. SOLLBERGER (1982: 146 ff.) hat diese Methode auf der Nenzlinger Weide eingesetzt und bewertet. Dabei stellte er fest, dass die Zeigerwert-Methode zwar hilft, die Pflanzenwirksamkeit der anorganischen Faktoren zu bewerten, dass dabei aber kaum neue Erkenntnisse gewonnen werden können, höchstens Vermutungen. Ausserdem weist er auf den grossen Arbeitsaufwand hin, der dieser Methode zugrunde liegt.

4.5.5 Nährstoffhaushalt

Der Nährstoffhaushalt wird aufgrund mangelnder Basisdaten nicht modelliert. Allerdings können die pH-Werte Auskünfte über das Milieu und die Verfügbarkeit von Nährstoffen geben. Die verwendete Klasseneinteilung, welche auch in der KA GÖK 25 (H. LESER & H.-J. KLINK 1988: 80) verwendet wird, basiert auf B. ULRICH (1981) und wird in Tabelle 4-8 näher erläutert. Die Bezeichnungen der einzelnen Klassen beziehen sich dabei auf den biologischen Neutralwert von pH 5.6. Karte 22 (Kartenband) stellt die im Untersuchungsgebiet gemessenen pH-Werte dar.

Auch für den Nährstoffhaushalt wäre der Einsatz der Zeigerwert-Methode (Nährstoffzahl) nach E. LANDOLT (1977) denkbar (vgl. oben sowie R. SOLLBERGER 1982: 144 ff.).

Klasse	pH-Bereich	Bezeichnung
I	6.2 - 8.0	alkalisch
II	5.0 - 6.2	neutral bis schwach sauer
III	4.2 - 5.0	sauer
IV	3.8 - 4.2	sauer
V	3.0 - 3.8	stark sauer
VI	< 3.0	extrem sauer

Tab. 4-8: Klasseneinteilung der pH-Werte (nach B. ULRICH: 1981)

Die dargestellten Klassen wurden auch in der KA GÖK 25 (H. LESER & H.-J. KLINK 1988: 80) verwendet und eignen sich für Böden unserer Breiten, wo hohe alkalische Werte, wie sie in Salzböden vorkommen, kaum ein Thema sind.

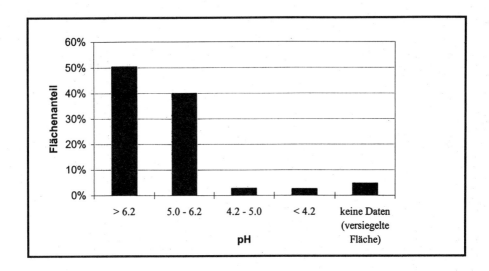

Abb. 4-15: Prozentualer Flächenanteil der pH-Klassen im Untersuchungsgebiet Blauen

Die prozentuale Verbreitung der Säurestufen (pH-Klassen) spiegelt eindeutig die Dominanz kalkreichen Substrates wieder. Ph-Werte unter 5 treten dadurch sehr selten (in etwa 7% des Gesamtgebietes) auf.

Der pH-Wert wird für die räumliche Gliederung in der vorliegenden Arbeit deshalb berücksichtigt, weil er der einzige Parameter ist, welcher Informationen zum Nährstoffhaushalt liefern kann, da keine anderen Messwerte bzgl. der Nährstoffe für das gesamte Untersuchungsgebiet erhoben wurden. Wie bereits erwähnt, liegt der geoökologische Charakter des pH-Wertes darin, dass er Auskunft über die *Verfügbarkeit* von Nährstoffen geben kann. Über das *Angebot* an bestimmten Nährstoffen liegen für das bearbeitete Gebiet keine Daten vor.

Ein weiterer Vorteil des pH-Wertes liegt darin, dass er sehr einfach und rasch zu erheben ist, was bei geoökologischen Raumgliederungen für grössere Untersuchungsräume aus zeitlichen, personellen und finanziellen Gründen oft ein entscheidendes Kriterium ist.

5. Geoökotop- und Geoökochoren-Ausgliederung

5.1 Geoökotop-Ausgliederung und geoökologische Risikokarten

Die grossmassstäbige Ausgliederung von Geoökotopen erfolgt in Wissenschaft und Praxis für verschiedene Zwecke. Die wichtigsten sind:

1) Aussagekraft und Gültigkeit von Punktmessungen jeder ökologischen Art auf eine repräsentative Fläche zu beziehen.

2) Areale zu suchen, welche untereinander eine ähnliche Struktur haben und innerhalb derer geoökologische Prozesse möglichst ähnlich ablaufen. Dadurch wird es möglich, Prozesse zu quantifizieren und beispielsweise Einzugsgebietsbilanzen zu erstellen. Aber auch nur eine einfache Beschreibung eines Areals wird dadurch bereits erleichtert.

3) Durch die kartographische Darstellung geoökologischer Raumeinheiten dem Planer gleichzeitig Inhalt und Abgrenzung komplexer Räume (H. J. BAUER 1978: 123) zu liefern. Dies dient als Grundlage für eine sinnvolle Nutzungsplanung.

Der Autor will in der vorliegenden Arbeit die räumliche Gliederung universell und nicht spezifisch vornehmen. Damit gemeint ist, dass die Geoökotop-Ausgliederung für verschiedene praktische Anwendungen herhalten soll und nicht nur einzelnen (z. B. Untersuchungen zum Wasserhaushalt oder Stoffhaushalt, Einsatz in Land- oder Forstwirtschaft etc.) dienlich ist.

Gemäss KA GÖK 25 (H. LESER & H.-J. KLINK 1988: 229 ff.) tragen sowohl sogenannte Strukturgrössen wie Hangneigung, Vegetation und diverse Bodenparameter zur Geoökotop-Bildung bei, wie auch sog. Prozessgrössen wie Strahlungs-, Luft-, Wasser-, Stoffhaushalt und biogene Vorgänge. Ziel dabei ist eine möglichst quantitative Erfassung aller Kompartimente des Landschaftshaushaltes. Zu diesen Kompartimenten gehören sowohl stabilinvariable Merkmale wie die Reliefparameter Neigung und Wölbung oder die Bodenart, als auch labil-variable Merkmale wie die Vegetationsbedeckung (M. HÜTTER: 1996).

Um nicht eine Vielzahl kleinster Areale zu erhalten, die nicht mehr vernünftig darstellbar wären, muss man sich gerade für Karten kleineren Massstabs bei der Auswahl der zu berücksichtigenden Parameter und deren Anzahl Klassen auf das Nötigste beschränken. Dies ist auch nötig, um den Arbeits- und Rechenaufwand im Rahmen zu halten. Als weitere Prämisse sei nochmals auf den in unserem Falle bestehenden Datenmangel bezüglich Bodenwasserhaushalt und biogener Vorgänge hingewiesen.

Aufgrund theoretischer Überlegungen, die unten erläutert werden, und aufgrund praktischer Tests im GIS, welche in Kapitel 4.4.2 besprochen wurden, stellte sich heraus, dass das Verwenden der in den vergangenen Kapiteln benutzten vier Prozessgrössen mit je zwei qualitativen Klassen sowie der drei Strukturgrössen à drei Klassen eine zu grosse Anzahl von Geoökotopen bei einer anschliessenden Verschneidung der Prozess- mit der Strukturgruppe ergibt. Diese Folgerung entspricht dem Fazit aus Kapitel 4.4.2.

Als Abhilfe dienen folgende Überlegungen: Die Strukturgrösse *Hangneigung* ist bereits in alle Prozessgrössen bei deren Modellierungen miteingegangen. Die Strukturgrösse *Bodenart* wird ebenfalls bereits zur Modellierung der Bodenfeuchte und der Erosionsgefahr verwendet. Die Strukturgrösse *Vegetation* schliesslich enthält nur die drei nicht sehr differenzierten Klassen Wald, Wiese und Kulturland, welche sich in den über 15 Jahren seit der Datenaufnahme ausserdem verändert haben werden. Zudem fliesst die Vegetation ebenfalls in mehrere Modelle mit ein.

Natürlich ist die Vegetation eine sehr wichtige Grösse zur Kennzeichnung einer landschaftsökologischen Einheit. Dennoch erscheint es dem Autor zweckmässiger, auf einen Miteinbezug der Vegetation in die Geoökotop-Ausgliederung zu verzichten, da sie lediglich einen Zustand darstellt und daher in das prozessorientierte Gliederungsverfahren nur indirekt, also über die Prozessmodelle, eingehen soll.

Somit bleiben nur noch die vier gewählten Prozessgrössen (Strahlungshaushalt, Lufthaushalt, Wasserhaushalt und Stoffhaushalt). Um die geoökologische Aussagekraft der auszugliedernden Tope zu verbessern, soll zusätzlich der pH-Wert miteinfliessen, als Vertreter des Nährstoffhaushaltes, sowie die Bodenmächtigkeit, welche im Erosionsmodell aus modelltechnischen Gründen unberücksichtigt bleiben musste.

Letztere beiden Parameter werden in einer kombinierten, fünften Karte (Kartenband: Karte 23) aufgenommen. In dieser Karte werden die Areale mit einem pH-Wert <5 (Versauerungsgefahr) sowie diejenigen mit einer Bodenmächtigkeit <30 cm (Probleme bei mechanischer Bodenbearbeitung sowie grosse Auswirkung von Erosionsereignissen) berücksichtigt. Die Kombination dieser beiden Parameter ist deshalb möglich, weil sie im Untersuchungsgebiet rein zufällig an keiner Stelle gleichzeitig auftreten. Zu erwähnen ist noch, dass speziell basische Bereiche nicht zu berücksichtigen sind, da im Untersuchungsgebiet trotz des kalkreichen Substrates kein pH >7 gemessen wurde. Die Gebiete mit einem pH-Wert <5 nehmen gut 5 % der Gesamtfläche, diejenigen mit einer Bodenmächtigkeit (A und B-Horizont) von weniger als 30 cm eine Fläche von etwas mehr als 20 % unseres Testgebietes ein.

Die vorhandenen Prozesskarten stellen geoökologische Risiken dar, indem sie Areale ausweisen, für welche beachtlicher Bodenabtrag, häufiger Frost, Dürre, Licht- oder Nährstoffmangel berechnet wurden. All diese Risiken wirken sich natürlich für unterschiedliche Bodennutzungen verschieden stark aus. Trotzdem sollen sie hier als nutzungsunabhängige geoökologische Risiken herhalten, was damit begründet wird, dass sie (zumindest in gemässigten Klimaten) für fast alle Nutzungsarten negative Folgen haben bzw. schlechte Voraussetzungen dafür bieten.

Zusammenfassend können wir folgendes festhalten: Die Ausgliederung der Geoökotope erfolgt durch Verschneidung mehrerer Kenngrössen (siehe Tabelle 5-1), welche geoökologische Prozessbereiche repräsentieren, jedoch statisch sind, also ohne ihre (tageszeitliche, jahreszeitliche etc.) Dynamik betrachtet werden. Diese Kenngrössen drücken gleichzeitig geoökologische

Risiken im Sinne möglicher negativer (instabilisierender) Reaktionen des Systems aus. Wir wollen solche Risikofaktoren darstellenden Karten daher in der Folge vereinfacht *geoökologische Risikokarten* nennen (vgl. Kapitel 1.4).

Die so konzipierte Geoökotopkarte wird schliesslich noch mit einem 3*3-Filter in SPANS gefiltert (vgl. Kapitel 4.4.2). Damit werden die Flächeneinheiten unter 0.25 ha soweit als möglich eliminiert (in Anlehnung an die Überlegungen aus Kapitel 4.2).

Prozessbereich	Kenngrösse	Geoökologischer Risikofaktor
Feststoffhaushalt	Bodenabtrag	Bodenerosion durch Wasser
Nährstoffhaushalt	pH-Wert	Versauerung und somit Nährstoffmangel
Wasserhaushalt	Bodenfeuchte	Austrocknung des Bodens
Lufthaushalt	Kaltluft	Frost (vor allem Früh- und Spätfröste)
Strahlungshaushalt	potentielle direkte Einstrahlung	mangelnde Besonnung und somit geringere Wärmesumme

Tab. 5-1: Miteinander verschnittene Prozesse und deren statische Kenngrössen (nach M. MENZ & C. KEMPEL 1999: 115, leicht verändert)

Tabelle 5-1 zeigt die fünf Prozessbereiche, welche für die Ausgliederung der Geoökotope verwendet werden sollen. Miteinander verschnitten werden schliesslich aus den Prozessbereichen abgeleitete, mehr oder weniger konstante Risikofaktoren. Dies ist das verwendete *topische Verfahren*. Das *chorische Verfahren* wird in Kapitel 5.2 vorgestellt.

Geoökologische Kenngrösse	Klassengrenze	Grenzziehung nach...
Bodenabtrag	10 t/(ha*a)	BA LVL (1992)
Bodenmächtigkeit	flachgründig: <30 cm	
pH-Wert	sauer: pH < 5	KA GÖK 25 (1988) [B. ULRICH (1981)]
Relative Bodenfeuchte	nicht quantifiziert	eigenes Modell
Kaltluft	nicht quantifiziert	eigenes Modell
Potentielle direkte Einstrahlung während der Vegetationszeit (April-November)	90 kcal/cm^2	A. MORGEN (1957) sowie M. HÜTTER (1996)

Tab. 5-2: Gewählte Grenzen zur Klassifikation der geoökologischen Kenngrössen (nach M. MENZ & C. KEMPEL 1999: 115, leicht verändert)

Die verwendeten Klassengrenzen stützen sich auf die unterschiedlichsten Modelle aus der Literatur sowie aus eigener Entwicklung.

Die mit der zur Verfügung stehenden Software (SPANS) durchgeführte Kartenüberlagerung ist eine sog. "Unique Conditions"-Verschneidung. Darin werden alle miteinander verschnittenen Karten gleichrangig behandelt. Das bedeutet, dass jede Arealgrenze in der Endkarte zunächst eine Geoökotopgrenze bildet. Dies geschieht in Übereinstimmung mit T. MOSIMANN & R. DUTTMANN (1992: 349): *„Die Grundlage für die Erstellung der digitalen Geoökologischen Karte bilden die aus der Flächenverschneidung der einzelnen Informationsebenen resultierenden, durch den gesamten geoökologischen Merkmalssatz definierten und sich **in mindestens einem Merkmal von anderen Arealen unterscheidenden** Teilflächen (= kleinste gemeinsame Geometrien)."* Bei der anschliessenden Filterung mit einem 3*3-Filter (Kapitel 4.4.2) werden einige unnötige – weil die Übersicht mindernde – Grenzen wieder eliminiert.

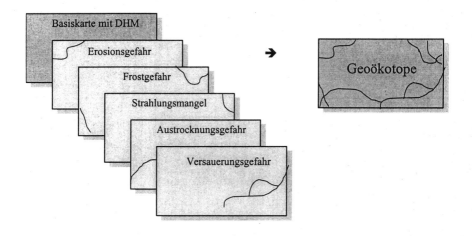

Abb. 5-1: Ablaufschema des topischen Gliederungsverfahrens

Abbildung 5-1 fasst obige Ausführungen zusammen. Die für die Geoökotop-Ausgliederung ausgewählten je zwei Klassen enthaltenden fünf Risikokarten werden miteinander überlagert und auf die Basiskarte[1] gelegt. Daraus ergibt sich direkt eine Karte der Geoökotope.

Die Karten 24a und 24b (Kartenband) zeigen das erreichte Resultat. Da die verwendete Software zur Zeit der Generierung dieser Karten keine Schraffuren zuliess, musste mit einer grossen Anzahl verschiedener Farben gearbeitet werden, welche im Ausdruck teilweise nur schwer voneinander zu unterscheiden sind.

Problemlos zu erkennen sind die Änderungen der Exposition (etwa auf dem Blauengrat), welche wegen der unterschiedlichen Einstrahlungsverhältnisse zu einem Wechsel des Geoökotoptyps beitragen. Ebenso auffällig ist eine scharfe, etwa ab Mitte des Blauengrates nach Süden verlaufende Grenze.

---

[1] Die Basiskarte mit dem Höhenmodell ist am Verschneidungsprozess nicht beteiligt. Sie dient als Grundlage für alle thematischen Karten.

Sie geht auf einen kartierten Wechsel der Bodenart zurück. Ob es sich hierbei um einen Kartierungsfehler handelt, wäre nachzuprüfen (vgl. Kapitel 6.5). Des weiteren fallen die grossen Unterschiede in den Flächengrössen der einzelnen Areale auf. Dieses Phänomen ist nicht zu vermeiden, sobald rein prozessorientiert gegliedert wird, da die untersuchten geoökologischen Prozesse über grössere Bereiche mit ähnlicher Kraft wirken können. Die Konsequenzen daraus werden in Kapitel 6.1 noch diskutiert werden.

Prozess bzw. geoökologische Kenngrösse desselben	Modellparameter	Parameterderivate
Bodenerosion	Georelief	Hangneigung Wölbung
	Klima	Niederschlagsmenge
	Boden	Bodenart
	Vegetation	----------
Bodenfeuchte	Georelief	Wölbung Exposition Höhenlage
	Boden	Bodenart
	Vegetation	----------
Kaltluftströme	Georelief	Wölbung Höhenlage
	Vegetation	----------
Potentielle direkte Einstrahlung	Georelief	Hangneigung Exposition

Tab. 5-3: Modellierte Prozesse, deren Eingangsparameter sowie deren Derivate

vorige Seite:

Tab. 5-3: Modellierte Prozesse, deren Eingangsparameter sowie deren Derivate

Tabelle 5-3 stellt eine Übersicht der verwendeten Modellparameter dar. Der Nährstoffhaushalt wird darin nicht aufgeführt, da er nicht modelliert wurde, sondern nur durch den pH-Wert vertreten ist. Die Parameterderivate bezeichnen die aus den Modellparametern abgeleiteten Geoökofaktoren.

Während das Bodenerosionsmodell alle verwendeten Modellparameter miteinbezieht, wird das Kaltluftmodell – ausser durch das überall berücksichtigte Georelief – lediglich durch die Vegetation beeinflusst. Die Bodenfeuchte wiederum bleibt in unserem Modell, welches im Untersuchungsgebiet einheitliche Niederschlagsmengen annimmt, vom Klima unberührt, jedoch spielt letzteres über die Exposition indirekt in das Bodenfeuchtemodell hinein. Die Besonnung wird im verwendeten Modell ausschliesslich durch die geomorphographischen Merkmale des Georeliefs bestimmt.

Mit Hilfe von Tabelle 5-3 lassen sich unsere Modellvereinfachungen relativ einfach herauslesen. Wir erkennen, dass einerseits dieselbe Grösse in mehrere Modelle einfliessen muss, während anderseits bestimmte Prozesse nicht alle Subsysteme tangieren. So ist beispielsweise die direkte Sonneneinstrahlung von der Bodenart vollständig unabhängig. In unserem Modell ist sie jedoch auch von der Vegetation unabhängig, was eine Vereinfachung darstellt, sofern man sich für die den Boden erreichende Strahlung interessiert.

Viele solcher Vereinfachungen sind massstabsbedingt, wie bereits in Kapitel 3.3 ausführlich diskutiert wurde. So ist die Bodenfeuchte in unserem Modell vom Regionalklima unabhängig modelliert, da sie viel stärker vom Mikroklima geprägt wird. In ihr widerspiegelt sich die Überprägung des Mikroklimas über das Regionalklima. Bei kleinmassstäbiger Betrachtung, wo das regionale und später das zonale Klima dominiert, ist die Bodenfeuchte somit kein geeigneter Parameter zur räumlichen Gliederung mehr, da sie für die chorische und regionische Dimension nicht mehr repräsentativ ist.

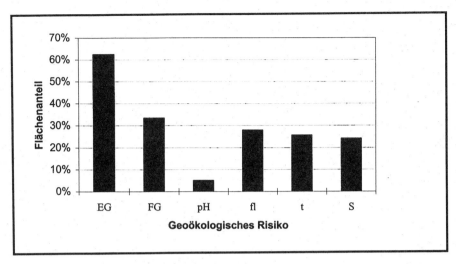

Abb. 5-2: Prozentualer Flächenanteil der im Untersuchungsgebiet berücksichtigten geoökologischen Risiken (allein oder zusammen mit anderen auftretend)

EG = Erosionsgefahr = Bodenabtrag >10 t / (ha•a); FG = Frostgefahr; pH = Versauerungsgefahr = pH <5; fl = Bodenmächtigkeit <30 cm; t = Austrocknungsgefahr; S = Besonnung <90 kcal/cm^2 während der Vegetationszeit.

Die Erosionsgefahr dominiert, weil unser Untersuchungsgebiet von Hängen grösserer Neigung dominiert wird (vgl. Abbildung 4-3). Die Gefahr der Bodenversauerung wird durch das kalkhaltige Substrat gering gehalten. Die übrigen Risiken treten flächenmässig etwa gleich häufig auf.

Unsere digitale Geoökotopkarte (Kartenband: Karten 24a und 24b) besteht nun aus dynamischen (Strahlung, Luft- und Feststofftransporte) und statischen (die Parameter des Georeliefs, des Bodens und der Vegetation) Elementen, welche in landschaftsökologischen Prozessen verknüpft sind. Als geoökologische Risikokarte ist sie stark praxisorientiert.

Da sie Raumeinheiten mit gleichen geoökologischen Risiken darstellt, könnte man von "Risikotopen" sprechen. Der Begriff "Top" würde damit jedoch nicht korrekt eingesetzt, da gewisse Areale von ihrer Ausdehnung her fast chorische Ausmasse erreichen. Das gilt insbesondere für die als "ideal" bezeichnete Flächeneinheit, auf welcher sämtliche erfassten Risiken als relativ gering eingestuft werden. Ausserdem entsprechen derartige "Tope" der eingangs dieses Kapitels sowie in Kapitel 1.4 gegebenen Definition eines Geoökotops nicht mehr ganz. Zwar laufen innerhalb diesen ähnliche Prozesse ab, die Tope selber jedoch sind von ihrer Struktur her nicht mehr unbedingt gleich oder ähnlich aufgebaut wie solche gleicher Bezeichnung. Der Grund dafür liegt im Gliederungsverfahren der verwendeten Methodik und den dadurch resultierenden Abgrenzungen der topischen Einheiten.

Dennoch möchte der Autor für die hier entwickelte Karte den Begriff des Geoökotops beibehalten, da er weit verbreitet ist, und von *prozessbasierten Geoökotopen* sprechen, weil gerade der Miteinbezug der Prozesse in das Gliederungsverfahren das besondere und neue an dieser Karte darstellt. Es soll jedoch nochmals darauf hingewiesen sein, dass diese durch prozessuale Merkmale charakterisierten Geoökotope nur schwer einer einzigen Dimensionsstufe zugeordnet werden können. Wir wollen sie der topischen Dimension zuordnen, da sie von ihrer Arealgrösse her mehrheitlich dort hingehören.

5.2 Ökotopgefüge und Mikrochoren

Ein wesentlicher und interessanter (und stets problematischer) Schritt in den Raumwissenschaften ist das sog. "Upscaling", also der Wechsel vom grossen in den kleinen Massstab. Oder – mit der Terminologie der Landschaftsökologie ausgedrückt – der Übergang von der topischen in die chorische Dimension, also der Wechsel vom Top und der Elementarlandschaft in den Massstabsbereich mehrerer Einzugsgebiete.

Auf die Massstabsproblematik wurde bereits in Kapitel 3.3 eingegangen. K. MANNSFELD (1994: 46 ff.) schreibt dazu: *„Das Dimensionsproblem der landschaftskundlichen Forschung, insbesondere mit dem Blick auf die praktische Anwendbarkeit der Forschungsergebnisse, vor allem in der Landschaftsplanung, besteht also in der notwendigen Trennung von Forschungsansätzen und Auswerteverfahren, in denen mit dem Wechsel der kartographischen Massstäbe neue inhaltliche Kategorien erschlossen werden, bzw. ein Wechsel in der Dimension geographischer Betrachtung erfolgt.*

Während es bei der standörtlichen (topischen) Dimension auf die Kennzeichnung von konkreten Rauminhalten ankommt (Ökotop, Physiotop usw...), ist es das Ziel der chorischen Dimension (Verbände oder Mosaike o. g. Grundeinheiten), die Art, Intensität und Richtung der Verkettung und Vernetzung dieser Einheiten im Raum sichtbar zu machen... vor allem bezüglich der Landschaftsprozesse."

Es geht nun konkret darum, die gefundenen prozessbasierten Geoökotope zu Mikrochoren (korrekt: *Mikrogeoökochoren[1]*), der nächsthöheren Stufe der räumlichen Gliederung, zusammenzufassen. Mehrere Mikrochorentypen zusammen wiederum ergeben eine Mesochore etc.

Nach G. HAASE (1964: 19) werden Tope unter anderem über die Häufigkeit ihres Auftretens (Dominanz) und ihre Flächengrösse aggregiert. Das heisst, eine Mikrochore soll als Hauptmerkmale – nebst anderen (gegenseitige Lagebeziehungen sowie Verbreitungsmuster der Geoökotope) – die Merkmale des häufigsten und flächendeckendsten Geoökotops innerhalb der chorischen Einheit erhalten.

Desweiteren sind Prozesse zu berücksichtigen, welche erst in der kleinermassstäbigen Betrachtungsebene relevant werden, z.B. Berg-/Talwindsysteme oder generell mesoklimatische und hydrologische (Hangwasserströme etc.) Vorgänge. Diese Prozesse wurden in der topischen Dimension

---

[1] Der äquivalente Begriff zu *Geoökotop* wäre *Mikrogeoökochore* (vgl. *Top* und *Mikrochore*). Dieser Begriff ist jedoch nicht gebräuchlich, weshalb hier der vereinfachte Begriff "Mikrochore" verwendet wird.

vernachlässigt, da sie chorische Reichweite haben und somit in der chorischen Dimension zu untersuchen sind. Chorisch relevante – vorwiegend lateral ablaufende – Prozesse sind in unserem Gebiet (nebst den unberücksichtigten Stoffflüssen, z. B. Interflow) der Talwind des Birstals sowie lokalklimatologische Einflüsse (Temperatur und Niederschlag in kolliner und submontaner Stufe). Letztere werden weitgehend durch das Georelief geregelt (Höhenlage, Neigung, Exposition, Wölbung → windgeschützte Lagen etc.) und können daher durch dessen Berücksichtigung in den Aufnahmekatalog des chorischen Gliederungsverfahrens eingehen.

Nach den bisherigen Ausführungen war nun die erste Idee, die vorhandenen Geoökotope, welche durch mehrere geoökologische Risiken gekennzeichnet werden, nach deren dominantem Risiko einzuteilen. Bei mehreren etwa gleich grossen Risiken wäre allenfalls durch eine Entscheidungsleiter eine Gewichtung vorzunehmen (z. B. durch die Prämisse, dass die Erosionsgefahr die geoökologisch schwerwiegendste sei). Schliesslich sollten auf diese Weise die Geoökotope zu Gefügen aggregiert werden, innerhalb derer ein ähnliches Risikopotential erwartet wird. Diese Vorgehensweise wurde jedoch aufgegeben, weil mehrere Probleme auftauchten:

1. Wie ist die Dominanz eines geoökologischen Risikos gegenüber einem anderen innerhalb eines Geoökotop-Typs zu erkennen ? Visuell (z. B. Erosionsschäden) ?
2. Wodurch kann eine Gewichtung völlig unterschiedlicher geoökologischer Risiken gerechtfertigt werden ?

Eine solche Gewichtung würde je nach Sichtweise des Kartennutzers (Landwirt, Raumplaner, Umweltschützer etc.) anders ausfallen. Sie müsste bereits in diesem Stadium der Choren-Ausgliederung einsetzen, was dem Postulat nach *universell verwendbaren Arealen* (vgl. Kapitel 5.1) widerspräche.

Als Antwort auf obige Fragen muss eine neue Vorgehensweise zur Ausgliederung der Mikrochoren gesucht werden. Dafür müssen die Gliederungskriterien vereinfacht, zusammengefasst und der neuen Fragestellung angepasst werden. Wie bereits die Geoökotope, so werden auch die Mikrochoren "risikobasierend" gewonnen, das heisst, es werden Top-Gefüge gesucht, innerhalb derer ähnliche geoökologische Risiken vorherrschend sind. Es werden also nicht die Areale der topischen Einheiten formal zusammengefasst, sondern deren Ausgliederungskriterien. Die Risikogruppen der Tope werden zu zwei Hauptgruppen aggregiert, erstens in die *klimaökologisch* anfälligen Mikrochoren und zweitens in die *pedoökologisch* anfälligen Mikrochoren (Definition dieser Begriffe siehe Tabelle 5-6 in Kapitel 5.3). Hinzu kommen zwei Klassen der Durchlässigkeit des Substrates, welches im nun kleineren Massstab eine Hauptstellung einnimmt und somit die modellierte Bodenfeuchte vertritt. Das gründet sich darauf, dass die Bodenfeuchte zu sehr kleinräumigen Schwankungen unterliegt (vgl. Kapitel 5.1), da sie ausser vom Substrat von zahlreichen kleinräumig stark variierenden Faktoren (Georelief, Vegetation etc.) abhängig ist.

Durch den Einbezug der Durchlässigkeit des Substrates verlassen wir allerdings die rein prozessbasierte Gliederung und nehmen eine Strukturgrösse mit in den Verschneidungsprozess auf. Dies rechtfertigt der Autor damit, dass die ausschliessliche Verwendung der zwei anderen Parameter (klimaökologisch anfällige und pedoökologisch anfällige Areale) ein blosses Aggregieren der im topischen Verfahren benutzten Parameter darstellen würde. Wir wollen aber vielmehr Parameter verwenden, welche in der neuen Dimension an Relevanz gewinnen. Das Substrat ist ein solcher Parameter. Seine Durchlässigkeit steuert den Wasserhaushalt in Einzugsgebietsgrösse, also in chorischer Dimension.

Karte 25 (Kartenband) stellt die aufgrund der lithologischen Verhältnisse (Kartenband: Karte 4) reklassifizierten Infiltrationsklassen des Substrates dar. Für die Verschneidung wird die mittlere Klasse schliesslich noch der Klasse "durchlässig" angegliedert. Diese Reklassifikation wird deshalb gerade so vorgenommen, um die vorwiegend undurchlässigen, tonigen und lehmigen Substrate einer einzigen Klasse zuordnen zu können.

Prozessbereich	Geoökologischer Risikofaktor
Wasserhaushalt	Austrocknung (bzw. Vernässung) aufgrund der Durchlässigkeit des Substrates
Boden	Erosion und / oder Versauerung
Klima	Frost und / oder mangelnde Besonnung (Wärme)

Tab. 5-4: Berücksichtigte Parameter zur Ausgliederung mikrochorischer Einheiten

Die Auswahl fasst gegenüber Tabelle 5-1 einerseits Parameter zusammen (Boden; Klima), anderseits benutzt sie eine neue Klasse (Wasserhaushalt). Dies ist das verwendete *chorische Verfahren*. Das *topische Verfahren* wurde in Kapitel 5.1 vorgestellt.

In die Klasse der klimaökologischen Problemgebiete fliessen sowohl Kaltluftgefährdung und Besonnungsmangel wie auch eine "Nebelzone" mit einer Höhenlage über 700 m ü. M. ein. Letztgenannte Höhengrenze deckt sich in etwa mit Beobachtungen, welche oberhalb dieses Bereiches (Blauengrat) während Schlechtwetterphasen eine häufige Verhangenheit mit Wolken nachwiesen. Mit diesem zusätzlichen Parameter wird auch dem nun im kleineren Massstab relevanten Lokalklima (nicht mehr Mikroklima) Rechnung getragen.

Kaltluft und Besonnung werden im Untersuchungsgebiet deshalb als chorisch relevant eingestuft, weil das Birstal als Kaltluftsammelbecken einerseits sowie die Ausdehnung der Nord- und Südflanke des Blauens anderseits chorische Dimension erreichen. In einem anderen Gebiet können Kaltluftflüsse und Besonnung durchaus nur in topischer Dimension wirksam sein.

Die Klasse der pedoökologischen Problemgebiete wird durch die Erosionsgefahr sowie die Versauerungsgefahr und Gründigkeiten von <30 cm definiert. Die Erosion ist im Untersuchungsgebiet chorisch wirksam, da es Steilhänge chorischen Ausmasses aufweist. Flachgründige Böden treten zwar nur lokal auf, aufgrund ihrer engen Verknüpfung mit der Erosionsproblematik wurden sie trotzdem ins chorische Verfahren einbezogen.

Die Bodenversauerung ist im Untersuchungsgebiet ein sehr lokales Phänomen, das eigentlich nur in topischer Dimension relevant ist. Der Autor hat es trotzdem ins chorische Verfahren aufgenommen, weil es unsere einzige Datengrundlage ist, welche Hinweise auf den Nährstoffhaushalt liefern kann. Und dieser ist in chorischer Dimension nach wie vor relevant, da er in starkem Zusammenhang steht mit den Einzugsgebieten.

Alle Klassen der bereits in der Geoökotop-Ausgliederung verwendeten Teilparameter werden unverändert beibehalten. Da wir im chorischen Verfahren einige der im topischen Verfahren verwendeten Parameter lediglich zusammenfassen, gibt es keinen Grund, deren Klassengrenzen zu ändern.

Das Ausklammern der Vegetations- und Nutzungsverhältnisse ist im chorischen Massstab leichter zu verkraften als im topischen, denn im Gegensatz zu den Topen ist bei den chorischen Einheiten eine quantitative geoökologische Inhaltsbezeichnung aufgrund der oft vorhandenen Nutzungsvielfalt sehr schwierig (H. LESER 1980c: IV, leicht verändert). Ihre kleinräumige Struktur im Untersuchungsgebiet verunmöglicht es uns, sie in chorischer Dimension zu untersuchen. Anderswo kann dies durchaus möglich sein: In Sibirien können Vegetationseinheiten wohl sogar in regionischer oder noch grösserer Dimension betrachtet werden.

1. Schritt:

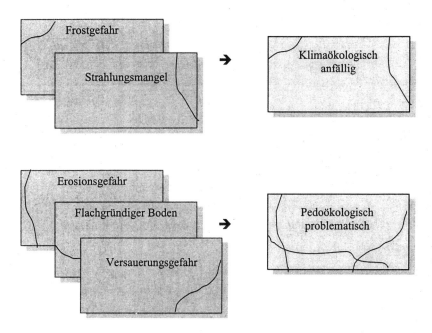

2. Schritt:

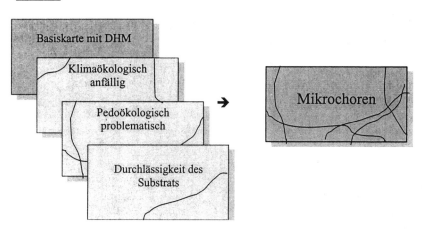

Abb. 5-3: Ablaufschema des mikrochorischen Gliederungsverfahrens

Vorige Seite:

> Abbildung 5-3 fasst obige Ausführungen zusammen. In einem ersten Schritt werden die im topischen Gliederungsverfahren verwendeten Parameter zu zwei Gruppen zusammengefasst. Zusätzlich wird eine neue Grösse (Durchlässigkeit des Substrates) aufgenommen. Diese für die Mikrochoren-Ausgliederung ausgewählten, je zwei Klassen enthaltenden drei Karten werden in einem zweiten Schritt miteinander überlagert und auf die Basiskarte[1] gelegt. Daraus ergibt sich direkt eine Karte der Mikrochoren.

Die Verschneidung der erläuterten Parameter ergibt sieben verschiedene Mikrochorentypen (zunächst acht; die eine [SuBK] wurde aufgrund ihres äusserst spärlichen Vorkommens dem nächstähnlichen Typ [SuB] angegliedert, vgl. Tabelle 5-5).

Karte 26 (Kartenband) zeigt die Verbreitung der sieben Mikrochorenklassen. Auffallend ist, dass markante Wechsel in der Topographie nun nicht mehr zu einem Wechsel des Mikrochorentyps führen müssen, wie es bei Karte 24 (vgl. die dortigen Ausführungen) noch der Fall war. Dies kommt daher, dass zur Ausgliederung der Mikrochoren kombinierte klimaökologische bzw. pedoökologische Parameter verwendet wurden.

Tabelle 5-5 verdeutlicht, dass aus den Mikrochorentypen nicht direkt auf eine optimale Landnutzung geschlossen werden kann, vor allem dort nicht, wo explizit keine geoökologischen Risiken (wie Frost, Erosion etc.) erwartet werden. Die Mikrochorenkarte (Kartenband: Karte 26) kann lediglich eine erste Übersicht geben; für konkrete Nutzungsempfehlungen muss auf Karten in topischer Dimension zurückgegriffen werden, zusätzlich häufig auf Feldbegehungen.

---

[1] Die Basiskarte mit dem Höhenmodell ist am Verschneidungsprozess nicht beteiligt. Sie dient als Grundlage für alle thematischen Karten.

Bezeich-nung	Mikrochorentyp	Vorkommen	Bedeutung für die Landnutzung
Sd	Durchlässiges Substrat, pedoökologisch und klimaökologisch begünstigt	An Südhängen, unter Wald, tritt verbreitet auf	
SdBK	Durchlässiges Substrat, pedoökologisch und klimaökologisch anfällig	Vor allem an unteren Steilhängen	Für den Ackerbau ungeeignet
SdK	Durchlässiges Substrat, klimaökologisch anfällig	Täler, Gipfellagen	Ungeeignet für frostempfindliche Anbausorten
SdB	Durchlässiges Substrat, pedoökologisch anfällig	Vor allem an den unteren Steilhängen der Südseite	Für den Ackerbau ungeeignet
SuK	Undurchlässiges Substrat, klimaökologisch anfällig	Vor allem Mulden, Gratlagen	Ungeeignet für frostempfindliche Anbausorten
SuB(K)	Undurchlässiges Substrat, pedoökologisch (und evtl. klimaökologisch) anfällig	Vor allem an Steilhängen der Nordseite	Für den Ackerbau ungeeignet
Su	Undurchlässiges Substrat, pedoökologisch und klimaökologisch begünstigt	An Südhängen, unter Wald, tritt vereinzelt auf	

Tab. 5-5: Mikrochorentypen – Bedeutung und Verbreitung

Logischerweise tritt z. B. der Typ SdBK vor allem an unteren Steilhängen auf, da dort sowohl die Bodenerosion als auch der Kaltluftsee des Birstales wirksam ist. Das Vorkommen der Bezeichnungen "B" und "K" lassen sich in der Regel recht leicht nachvollziehen, währenddessen die Durchlässigkeit des Substrates kein einheitliches Muster aufweist.

Die beiden frei gelassenen Felder unter "Bedeutung für die Landnutzung" zeigen, dass nicht immer auf eine ideale Landnutzung geschlossen werden kann.

Um mehrere Untersuchungsgebiete miteinander vergleichen zu können, ist es nützlich zu wissen, wie häufig die kartierten Gefahren einzeln oder miteinander auftreten. Abbildung 5-2 stellt dies sowie die Verbreitung der zwei in ihrer Durchlässigkeit unterschiedlichen Substrate dar.

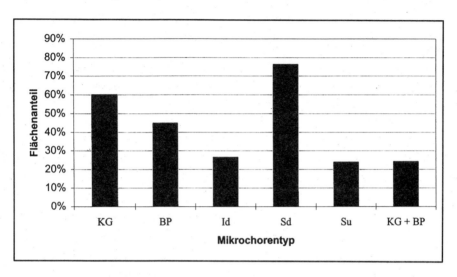

Abb. 5-4: Prozentualer Flächenanteil der im Untersuchungsgebiet vorkommenden Mikrochorentypen

KG = klimaökologisch anfällig; BP = pedoökologisch anfällig; Id = "ideal", d. h. sowohl klimaökologisch wie pedoökologisch begünstigt [1]; Sd = durchlässiges Substrat; Su = undurchlässiges Substrat.

Während bei der Ausgliederung der Tope die rein prozessbezogenen Unterscheidungskriterien als optimal [2] eingeschätzt wurden, zeigen sich auf der Ebene der Mikrochoren bereits erste Probleme in der Verwendbarkeit der

---

[1] Der Begriff "ideal" soll lediglich ausdrücken, dass an den entsprechenden Lokalitäten keine der berücksichtigten Risiken auftreten.
[2] Auch aus rein praktischen Gründen: Es fallen weniger Parameter an, was zu weniger Grenzüberschneidungen führt.

kartierten Areale. Diese Probleme verstärken sich auf der mesochorischen Ebene (siehe Kapitel 5.3).

Das methodische Problem besteht darin, dass durch das Zusammenfassen der Gefahrentypen eine geoökologische Aussage über den Landschaftstyp kaum mehr möglich ist. Es bildet sich also kein Landschaftsmosaik mit Ökotopgefügen heraus wie bei der "klassischen", d. h. auf Strukturgrössen basierenden Mikrochoren-Ausgliederung.

Das bedeutet, es entsteht ein Zufallsmuster statistisch begründeter Areale, denen der landschaftsökologische Kontext fehlt. Damit besteht auch ein Bruch zur "Geoökologischen Realität" (H. LESER ^{4}1997a: 262 ff.). So ist es durchaus möglich, dass ein Einzugsgebiet, eine grosse Hangflanke etc. durch die Grenzen der mikrochorischen Areale getrennt wird. Und umgekehrt kann sich ein pedoökologisch anfälliger Bereich (Tabelle 5-3: Boden) auf ganz unterschiedliche Relieftypen erstrecken. Dies steht nicht nur im Widerspruch zur Forderung, dass das Georelief ein entscheidendes Kriterium für die Bildung der Mikrochoren darstellen soll, sondern auch im Gegensatz zur ökofunktionalen (relativen) Homogenität geoökologischer Raumeinheiten. Dies würde Regeln und Gesetzen wie dem "Catena-Prinzip" oder dem "Einzugsgebiet-Prinzip" (H. LESER ^{4}1997a: 344 ff.) zuwiderlaufen.

Eine Zusammenfassung der im topischen Massstab gewonnenen Risikoareale macht also keinen Sinn. Eine risikobasierte Raumgliederung scheint nur für die topische Dimension zweckmässig zu sein. Zum Vergleich wollen wir nun noch eine klassische Mikrochoren-Ausgliederung vornehmen. Als Parameter dienen die Hangneigung in zwei Klassen (Klassengrenze: 15 Grad) sowie erneut das Substrat (durchlässig / undurchlässig) und zusätzlich die Vegetation in zwei Klassen (Wald / waldfrei). Durch die Hangneigung, der wesentlichsten Komponente des Georeliefs, wird dessen Gewichtung erhöht.

Die Mikrochoren werden nicht durch Aggregation bestehender topischer Einheiten (G. HAASE: 1964) gebildet – dies würde nur der topischen

Betrachtungsweise gerecht werden ! – sondern durch eine Reduktion von berücksichtigten Parametern und Klassen. Die resultierenden acht verschiedenen Klassen können auf sieben reduziert werden, da die Steilhänge undurchlässigen Substrates nur einen sehr unbedeutenden Flächenanteil ausmachen und somit unabhängig von der Vegetation zu einer Klasse zusammengefasst werden dürfen.

Das Resultat ist in Karte 27 (Kartenband) sichtbar. Es wird in Kapitel 6.1 im Zusammenhang mit der prozessbasierten Mikrochorenkarte eingehend diskutiert. Im Gegensatz zur oben diskutierten risikobasierten Mikrochorenkarte (Kartenband: Karte 26) stellen die ausgegliederten Areale nun Einheiten dar, die der geoökologischen Realität gerecht werden. Das heisst, deren Grenzen sind nun keine zufällige Linien statistisch begründeter Areale mehr, sondern decken sich mit einem diskreten Wechsel der Vegetation, der Hangneigung oder des Substrates.

Das auf einer Reduktion der im topischen Gliederungsverfahren verwendeten Parametern und Klassen basierende mikrochorische Gliederungsverfahren führte somit dazu, dass sich die resultierenden Mikrochoren nicht aus zuvor ausgegliederten Geoökotopen zusammensetzen. Damit unterscheidet sich das Resultat wesentlich vom Ergebnis, welches im Falle einer blossen Aggregation von topischen Einheiten in mikrochorischer Dimension erzielt wird (vgl. G. HAASE: 1964).

5.3 Mesogeoökochoren – Die chorische Risikokarte [1]

Der Schritt von der Mikrochore zur Mesochore, d. h. von der Mikrogeoökochore zur Mesogeoökochore (um die korrekte Terminologie in Erinnerung zu rufen), ist der eigentliche Schritt in den chorischen Massstab. Mesochoren sind Verbände, die aus mehreren verschiedenartigen Mikrochoren aufgebaut werden (E. NEEF: 1963).

Um an bisherige Vorgehensweise konsequent anzuknüpfen, werden die vorhandenen Mikrochoren nicht einfach zusammengefasst, sondern die prozessualen Parameter neu reklassifiziert. Dabei werden die Substrate nicht mehr differenziert, sondern es wird nur noch zwischen *begünstigten* (= weder klimaökologisch noch pedoökologisch anfälligen), *klimaökologisch anfälligen* und *pedoökologisch anfälligen* Arealen unterschieden. Tabelle 5-6 erklärt die bereits zuvor verwendeten Begriffe. Der Bodenwasserhaushalt entfällt im hier noch kleineren Massstab völlig, denn seine Wirkungen sind standörtlicher Natur.

Ausserdem wird eine Klasse *pedoökologisch und klimaökologisch anfällig* umgangen, indem den pedoökologisch anfälligen Bereichen Priorität eingeräumt wird. Der Grund dafür ist, dass im untersuchten Gebiet die Bodenerosion das wesentlichere Problem darstellt als der Frost. Letzterer ist zwar insbesondere im Birstal nicht zu unterschätzen, wiegt jedoch nicht so schwer wie die Erosion, von welcher besonders auf der Südflanke des Blauens weite Gebiete grösserer Hangneigung durch Beweidung stark betroffen sind (vgl. Kartenband: Karte 18). Konkret bedeutet diese prioritäre Behandlung, dass die als pedoökologisch anfällig ausgeschiedenen Areale gleichzeitig klimaökologisch ungünstig liegen können, aber nicht umgekehrt.

---

[1] Der Begriff "chorische Risikokarte" wird hier verwendet, um eine Karte geoökologischer Risiken in chorischer Dimension zu bezeichnen. Dies geschieht in Anlehnung an die früher definierte Risikokarte der topischen Dimension.

Begriff	Definiert durch...	Anfällig sind...	Begünstigt, d.h. nicht anfällig sind...
Klimaökologisch anfällig	Erhöhte Frostgefährdung (gemäss Modell aus Kapitel 4.5.2) und / oder mangelnde Besonnung (Wärme)	Mulden, Talböden	Hänge (vor allem Südhänge) und z.T. Kuppen
Pedoökologisch anfällig	Bodenabtrag >10 t / (ha·a) und / oder pH < 5 und / oder erhöhte Austrocknungsgefahr (vgl. Modell aus Kapitel 4.5.4)	Steilhänge, insbesondere stark besonnte	Ebenen

Tab. 5-6: Erläuterung zweier in mikrochorischer und mesochorischer Dimension verwendeter Begriffe

Mit diesen beiden Begriffen werden die für die Raumgliederung in topischer Dimension ausgewählten geoökologischen Risiken zu zwei Hauptgruppen (pedoökologisch anfällig bzw. klimaökologisch anfällig) zusammengefasst. Diese beiden Risikogruppen werden für die Raumgliederung in chorischer Dimension benötigt.

Da eine solche für die Anwendung in chorischer Dimension gedachte Karte sehr stark gefiltert ist, kann es durchaus möglich sein, dass eine auf der Mikrochorenkarte (Kartenband: Karte 26) lediglich als pedoökologisch anfällig ausgegliederte Fläche auf der mesochorischen Karte nun plötzlich als klimaökologisch anfällig bezeichnet wird. Solche filterbedingten Klassenwechsel treten natürlich auch schon bei der Geoökotop-Ausgliederung auf, wirken sich jedoch in kleineren Dimensionen viel stärker aus.

Das Resultat ist eine chorische Risikokarte in drei Klassen (Kartenband: Karte 28). Für unser Gebiet ist dies mehr Spielerei denn sinnvolles "Upscaling", da es gerade mal knapp 20 km² misst. Gemäss G. HAASE (1991: 50) wäre das eher eine unterdurchschnittlich grosse einzelne mesochorische

Raumeinheit. Dennoch könnte man diesen Kartentyp praktisch einsetzen. Denkbare Zwecke wären z. B. die Abklärung der generellen Eignung eines Areals für Ackerbau, Viehzucht etc.. Der Autor sieht den Einsatz eines Kartentyps wie ihn Karte 28 darstellt allerdings nur für Gebiete einheitlicherer Struktur als das hier untersuchte. Der Blauen-Südhang ist dermassen kleinräumig gegliedert, dass die extrem vereinfachte Karte 28 als nahezu wertlos bezeichnet werden muss.

Aufgrund obiger Feststellungen entfällt auch der Sinn einer weiteren Zusammenfassung unserer "statisch" gewonnenen Mikrochorenklassen, obwohl dieses klassische Raumgliederungsverfahren in kleineren Massstäben unproblematischer scheint als die Gliederung über die ablaufenden Prozesse. Dies liegt vor allem daran, dass in chorischer bis regionischer Dimension eine Landschaftseinheit durch ihre Reliefmerkmale oder ihren Vegetationstyp viel einfacher zu beschreiben (und auch optisch zu erkennen!) ist, als durch die in ihr ablaufenden, in verschiedenen Dimensionen wirksamen und sich zum Teil überlagernden Prozesse.

Die beiden wesentlichsten Merkmale des Untersuchungsgebietes Blauen sind bei chorischer Betrachtung zweifellos seine südexponierte Lage sowie die Dominanz des Kalkgesteins. Sie charakterisieren die Mesochore "Blauen-Südhang", welche nun als Einheit betrachtet wird.

5.4 Der Schritt in regionische Skalen

Beim weiteren Upscaling in regionische Massstabsbereiche dominiert das regionale Kilma die übrigen Parameter immer mehr. Die pedologischen Eigenschaften beispielsweise verlieren ihre geoökologische Bedeutung, da sie standörtlichen Charakter und somit nur eine geringe Reichweite haben. An ihre Stelle treten die lithologischen Voraussetzungen.

Das Georelief, welches das Mesoklima mitprägt, behält nach wie vor seine Bedeutung. Dies muss für die Wahl der Parameter für kleinmassstäbige Karten Konsequenzen haben. In gebirgigem Gebiet wird das dort durch Geländemerkmale geprägte Klima durch die Höhenlage und die Exposition – und somit durch Temperatur und Niederschlag – ausgedrückt. In ebenen Grosslandschaften ist lediglich die Klima*zone* zu berücksichtigen. Zusätzlich wird das grossräumige Muster des Substrates bedeutsam.

Beispiele für kleinmassstäbige (regionische) geoökologische Karten finden wir bei H. RICHTER (1978) und bei G. HAASE (1978). Ersterer unterschied Naturraumtypen der Lössgebiete, der Mittelgebirge, des Tieflandes etc. im Osten Deutschlands.

H. LESER (1963) präsentiert im *Pfalzatlas* eine Karte der naturräumlichen Gliederung im Massstab 1: 300 000. Darin werden Makrochoren, Mesochoren oberer und unterer Ordnung sowie Mikrochoren (Ökotopgefüge) unterschieden, wobei Bodentyp und Substrat sowie Reliefmerkmale berücksichtigt werden. (Beispiel eines Mikrochorentyps: *Ökotopgefüge der Braunerden und Ranker flacher Sandplatten*).

Im Digitalen Landschaftsökologischen Atlas Baden-Württembergs (DLABW: 1996) findet kleinmassstäbig (1: 200 000) eine ökologische Bewertung von Standorteinheiten statt. Die Karte von M. RENNERS (1991) im Massstab 1: 1 000 000 stösst gar in noch kleinere Massstäbe vor. Sie gliedert geoökologische Raumtypen nach geologisch-lithologischen Kriterien.

Unsere bisherigen Erfahrungen mit Raumgliederungen zeigen, dass beim Vorstoss in noch kleinere Kartenmassstäbe die prozessualen – und damit dynamischen – Grössen immer mehr in den Hintergrund rücken. Sie machen letztlich einer ausschliesslich auf Strukturgrössen (z. B. Substrate, Neigungsklassen etc.) basierenden, deskriptiven Gliederung des Naturraumes Platz. Das Regionalklima und letztlich das Zonalklima bildet bald den wichtigsten Parameter zur Charakterisierung von Grosslandschaften (Steppen, Savannen, Tundren etc.).

Der Übergang zwischen noch möglicher Prozessforschung und naturräumlicher Gliederung liegt zur Zeit irgendwo im mesochorischen Bereich. In makrochorischer und regionaler Dimension fehlen oft die Messdaten, da diese mit vertretbarem Aufwand überhaupt nicht mehr zu erheben sind. Aber auch auf der Seite der Datenverarbeitung stossen wir in solchen Dimensionen an Grenzen, da ein Berücksichtigen aller nötigen Parameter zu einer Unzahl mathematischer Gleichungen führt, die selbst mit den heutigen EDV-Systemen nicht zu bewältigen sind.

In den kommenden Jahren und Jahrzehnten dürfen wir jedoch erwarten, dass dank fortschreitender Technik und wachsendem Wissen immer grössere Areale prozessorientiert erforscht werden können (siehe dazu M. MENZ & C. KEMPEL: 1999).

6. Bewertung der Ergebnisse

6.1 Diskussion der Komplexkarten

Die produzierten Karten der Geoökotope und Mikrochoren im Massstab 1: 25 000 [1] sind nach klar definiertem Konzept (vgl. Tabellen 5-1 und 5-2) aufgenommen und basieren auf einfacher und relativ rasch durchführbarer Feldarbeit ohne Laboranalysen. Ausserdem sind sie ohne eine sonst bei Geoökotop-Darstellungen übliche separate Legende schneller lesbar und können auf spezielle Signaturen verzichten, da jedem abgegrenzten Areal ein in der Legende klar definierter Inhalt zugeordnet wird.

Etwas schwierig zu lesen sind die langen Legenden der Geoökotopkarten (Kartenband: Karten 24a und 24b), da das Auge nur mit Mühe 35 verschiedene Farben unterscheiden kann, zumindest bei nicht optimaler Druckqualität, deren Ursache innerhalb der GIS-Software liegt. Wie bereits erwähnt, bietet das verwendete GIS keine Schraffuren an, was ein Arbeiten mit weniger Farben erlaubt hätte, sodass die vorliegende Arbeit mit dieser Problematik leben muss. Bei Unsicherheiten ist die digitale Karte zu konsultieren, wo mit der "Maus" auf eine Fläche gefahren werden kann und die richtige Bezeichnung für das Geoökotop etc. sofort erkannt wird (Abbildung 6-1).

Durch die Ausweisung von Risikozonen sind die generierten Karten in der Praxis, z. B. in der Landwirtschaft, Forstwirtschaft, Raumplanung, direkt einsetzbar. Die Geoökotopgrenzen haben den methodischen Vorteil, dass sie von sämtlichen miteinbezogenen Parametern gebildet werden, wodurch sich eine separate inhaltliche Kennzeichnung der Tope, wie sie beispielsweise T. MOSIMANN (1987: 94) vorschlägt, erübrigt (vgl. Abbildung 3-4). Die vorwiegend qualitativen Aussagen haben aber auch ihre Schwächen, insbesondere deshalb, weil alle Prozessgrössen nach dem "Zwei-Klassen-

---

[1] Aus Darstellungsgründen (Ausdruck im A4-Format) liegen die Kartenmassstäbe bei ca. 1: 28 000 bzw. 1: 20 000 (UG-Ost- bzw. -Westteile) sowie ca. 1: 18 000 (Teilgebiet Nenzlingen).

Prinzip" behandelt werden, also eine Trennung zwischen *bedeutendem Risiko* und *vernachlässigbarem Risiko* vorgenommen wird. Grenzfälle sind somit nicht selten, denn in der Natur existieren bekanntlich nur fliessende Übergänge. Ausser bei der Kaltluftgefährdung und der Bodenfeuchte sind die Grenzen zwischen den jeweils zwei Klassen der verwendeten Grössen wenigstens quantitativ klar festgelegt (Tabelle 5-2). Zusätzlich können über die Basiskarten der einzelnen Parameter alle unklassierten Ausgangsdaten jederzeit abgefragt werden (Abbildung 6-1).

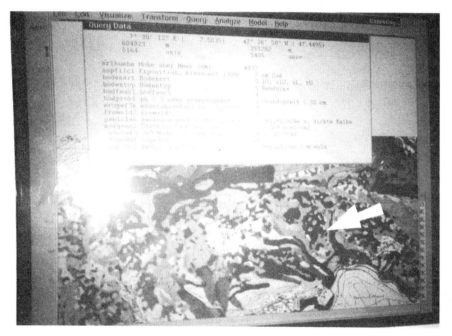

Abb. 6-1: Digitale Abfrage am Bildschirm mit der "Query-Map"-Funktion von SPANS

Im abgebildeten Beispiel werden mit Hilfe der "Maus" für irgendeine Stelle in einem beliebigen Geoökotop gleichzeitig Höhe über Meer, Exposition, Bodenart, Bodentyp, Bodenfeuchte, pH-Wert, Erosionsgefährdung, Frostanfälligkeit, Geologie, Einstrahlung, Hangneigung und Vegetation abgefragt sowie die genauen Koordinaten angezeigt.

Das GIS erlaubt somit die Bearbeitung der einzelnen digitalen Karten bezüglich neuer Fragestellungen, da sämtliche Eingangsdaten jederzeit abrufbar sind. Die Fähigkeit der Aufschlüsselung der Klassen in ihre präzisen Ausgangswerte ist ein weiterer Vorteil der digitalen Darstellung. Bei konventionellen Karten ist dies nicht möglich.

Schliesslich muss beachtet werden, dass es sich bei den vorliegenden Risikokarten um Karten der *potentiellen* geoökologischen Risiken handelt. Sie stellen Risikoabschätzungen dar, welche auf Mittelwerten der Eingangsparameter basieren, ohne Berücksichtigung der Dynamik durch jahreszeitliche Schwankungen (Ausnahme: Besonnungsmodell) und witterungsbedingte Fluktuationen.

Betrachten wir einmal die Karte der risikobasierten, prozessualen Geoökotope (Kartenband: Karten 24a und 24b) etwas genauer. Bei einer Verschneidung mit der Vegetationskarte fällt auf, dass die als *geoökologisch ideal* eingestuften Areale fast ausschliesslich in Wald- oder Waldrandgebieten liegen. Dies bestätigt einerseits den hohen ökologischen Wert der Waldrandgebiete, anderseits natürlich auch die zu erwartenden geringeren Frost- und Erosionsereignisse unter Waldbedeckung.

Praktische Folgerungen sind nicht einfach: Leider sind nun gerade die Waldrandgebiete[1], welche für die Pflanzen- und Tierwelt einen hohen Stellenwert haben, da das Übergangsklima zwischen Wald und Freiland eine hohe Artenvielfalt hervorbringt, als *pedoökologisch und klimaökologisch begünstigt* eingestuft worden: eine landwirtschaftliche Nutzung schiene ideal. Auf der anderen Seite sollten gerade auch solche Gebiete in ihrem natürlichen Zustand belassen werden, sodass für die Nutzung durch den Menschen weitgehend nur erosionsanfällige oder kaltluftgefährdete Areale übrigblieben. Ziel muss es daher sein, in solch wichtigen Arealen ein

---

[1] Waldrandgebiete, insbesondere Waldlichtungen, sind ebenfalls anfällig auf Kaltluftstau (vgl. Kapitel 2.2: Strängenfeld), jedoch unterdrückt unser Kaltluftmodell diese kleinräumigen Effekte.

Nebeneinander von Natur und Nutzung durch den Menschen zu suchen, sofern auf eine Nutzung nicht ganz verzichtet werden kann.

Ausserdem gilt es zu beurteilen, wie geoökologischen Risiken beizukommen ist (sei es z. B. durch Erosionsschutz oder Frostschutzmassnahmen), oder ob allenfalls ein spezifisches Gefährdungspotential für die geplante Nutzung für irrelevant befunden wird, wie es beispielsweise die Kaltluftgefährdung für frostresistente Anbauprodukte oder für die Planung gewerblicher Flächen ohne Schadstoff-Emissionen ist. Falls letztere Emissionen in einem Gebiet mit häufiger Kaltluftseebildung unvermeidlich sind, sollte darauf geachtet werden, dass sie oberhalb der Inversionsgrenze (=Kaltluftobergrenze) ausgestossen werden, z. B. durch den Bau eines Hochkamins. In einem solchen Fall tauchen allerdings auch Fragen bzgl. der Ästhetik und des Schutzes des Landschaftsbildes auf.

Die Grenzen der Geoökotope, die rechnerisch, durch Überlagerung im GIS, gefunden wurden, sollten mit natürlichen und geomorphologischen Grenzen wie Graten, Bächen etc. zusammenfallen. In der Regel tun sie dies, da sich an den betreffenden Stellen zumindest die Exposition ändert, welche in der Strahlungskarte miteinbezogen ist. Die Exposition ist jedoch bei der Verschneidung kein eigenständiger Parameter, und mit den verwendeten sehr groben Klassen können Grenzen übersprungen werden. Ausserdem werden jede einzelne Karte und schliesslich auch die Komplexkarten einem Filterungsverfahren (siehe Kapitel 4.4.2) unterzogen, weshalb Abweichungen in der Übereinstimmung von natürlichen Grenzen und den errechneten Geoökotopgrenzen vorkommen können. Ein Beispiel dafür finden wir im "Stutz" westlich des Dorfs Blauen, wo ein kleiner Bach in einem Tal ein Geoökotop durchtrennt (vgl. Kartenband: Karte 24a).

Die geomorphologischen Inhalte (siehe auch Kapitel 6.2: Beispiel 12) einer geoökologischen Karte werden bei H. LESER (1987b und 1988a) beschrieben. Vorliegenden Karten fehlen eigentliche geomorphologische Merkmale, da deren strukturelle bereits teilweise in der Reliefanalyse (Kartenband: Karten 7 und 8) generiert und in der prozessualen Komplexkarte nicht mehr benötigt werden.

Die Vernachlässigung der dynamischen geomorphologischen Komponenten (Aktualgeomorphologie) – wie z. B. Rutschungen – ist für die Ausgliederung geoökologischer Einheiten in unserem Untersuchungsgebiet aufgrund des gemässigten Klimas vertretbar – auch wenn wir diverse solcher Elemente vorfinden – denn die Bodenerosion als rezenter geomorphologischer Prozess vertritt diese Gruppe innerhalb der angewandten Methodik ausreichend.

Im Gebirge und insbesondere in Permafrostgebieten wäre ein solcher Ansatz kaum zulässig. Kalkhaltiges Gestein, wie es im Gebiet des Blauens vorherrscht, spielt im Gebirge eine grosse Rolle in der Landschaftsdynamik (vgl. K. GRAF: 1997, wo auch auf die digitale geomorphologische Karte im GIS des Schweizerischen Nationalparks (SNP) hingewiesen wird). Durch die zusätzliche Rolle glazialmorphologischer Prozesse wie beispielsweise Solifluktion, erhalten die geomorphologischen Vorgänge im Gebirge eine ganz andere Qualität als in unserem Testgebiet.

Ein Augenmerk muss schliesslich auch auf die völlig unterschiedlichen Arealgrössen der ausgegliederten Geoökotope gerichtet werden. So finden wir einige "Riesentope", die fast schon mikrochorische Ausdehnung erreichen. Lösen wir uns von der strengen Definition der Geoökotope (Kapitel 1.4) und betrachten unsere Einheiten als Areale mit gleichen zu erwartenden *geoökologischen Anfälligkeiten*, so sind diese unterschiedlichen Flächengrössen durchaus verständlich. Denn wo strukturelle Faktoren auf grösserem Raum kaum ändern, verlaufen die geoökologischen Prozesse sehr ähnlich. Die gefundenen Riesentope lassen sich dementsprechend bereits als Einheiten mikrochorischer Grössenordnung definieren, welche die den Topen nachgesagte Homogenität aufweisen (vgl. Definition aus Kapitel 1.4).

Betrachten wir als nächstes die Karte der prozessbasierten Mikrochoren (Kartenband: Karte 26), so fällt auf, dass eine praktische Anwendung solcher Karten mit kleiner werdendem Massstab immer schwieriger wird. Je nach Fragestellung und Anwendung fiele eine Ausweisung von Risikoarealen im chorischen Massstab unterschiedlich aus. Während die topische

Gefahrenkarte noch diverse praktische Anwendungen zulässt, scheint die prozessbasierte Mikrochorenkarte diesem Anspruch nicht mehr zu genügen. Sie ist aus Anwendersicht sehr abstrakt und müsste für konkrete Anwendungszwecke neu definiert und neu erstellt werden (M. MENZ & C. KEMPEL 1999: 116).

Beispiel: Verschneiden wir unsere prozessbasierte (Kartenband: Karte 26) mit der strukturell definierten Mikrochorenkarte (Kartenband: Karte 27) oder einer separaten Nutzungskarte (z. B. Kartenband: Karte 16), so ist sofort feststellbar, welche Ackerflächen eine geringe Erosionsanfälligkeit bzw. Frostgefährdung aufweisen. Gleichzeitig erkennen wir potentiell ideale Ackerstandorte (vgl. Kapitel 6.2: Beispiel 4). Die geoökologische Risikokarte stellt demnach im Prinzip eine *inverse Eignungskarte* dar. Das heisst, sie visualisiert Areale, welche sich für den Anbau bestimmter Produkte (Mais, Wein etc.) aufgrund erhöhter Erosions-, Frost- oder anderer Gefährdung nicht eignen.

Interessiert man sich hingegen z. B. für eine Verteilung der potentiell feuchten Zonen im Untersuchungsgebiet, so muss für diese Information die zuvor erstellte Karte der topischen Einheiten hinzugezogen werden, auf welcher alle solchen Areale ersichtlich sind.

Natürlich kann nicht allgemein von ackerbaulich relevanten Risiko- bzw. Eignungskarten gesprochen werden, da jede Nutzungsart und jede Anbausorte unterschiedlich auf Frost reagiert oder die Bodenerosion begünstigt bzw. hemmt. Zudem kann manchen Gefahren durch entsprechende Massnahmen beigekommen werden (Terrassierung, Frostschutzmassnahmen etc.). Es können jedoch spezifisch einsetzbare Karten entwickelt werden, welche z. B. mikrochorische Areale idealer Ackerstandorte, hoher Gefährdungspotentiale wie erhöhter Windwurfgefahr, grosser Hochwassergefährdung, erheblicher Dürregefahr oder aber speziell schützenswerte Areale (Trockenwiesen, Feuchtgebiete) darstellen (vgl. Kapitel 6.2).

In der neueren Literatur finden wir zahlreiche Beispiele für digitale Bewertungs- oder Naturraumpotentialkarten. So auch bei F. DOLLINGER

(1989: 56 ff.), wo sechs Karten der Naturraumausstattung miteinander verschnitten und die daraus abgeleiteten Geotope in einer Tabelle mittels Bewertungskriterien nach bestimmten Potentialen gewichtet werden. So weit wollen wir in dieser Arbeit nicht gehen, da hier das Gliederungsverfahren im Vordergrund steht.

Die Entwicklung von Risiko- und Bewertungskarten erfreut sich mit fortschreitender GIS-Technologie immer grösserer Beliebtheit (siehe z. B. J. GRUNERT & V. SCHMANKE: 1997). Eine Geoökotop-Ausgliederung aufgrund geoökologischer Risiken, wie sie in der vorliegenden Arbeit praktiziert wird, ist in der Landschaftsökologie jedoch Neuland. In der Geomorphologie ist die kartographische Risikoabschätzung ein wesentlicher Forschungszweig (vgl. H. KIENHOLZ & H. HAFNER: 1982).

Der Umfang des Aufnahmekataloges geoökologischer Karten ist sehr unterschiedlich und meist vom verfügbaren Datenmaterial oder der individuellen Gewichtung des Geoökologen abhängig. Einen Vergleich verschiedener geoökologischer Karten finden wir bei D. BARSCH & R. MÄUSBACHER (1979: 368). Generell ist bei allen Kartierungen zu beachten, dass sich der verwendete Kartenmassstab mit der spezifischen Anwendung verträgt, dass also Übersichtskarten zu Klima und Boden im Massstab 1: 100 000 oder kleiner nicht für die Ausscheidung von Industrieflächen herangezogen und gleichzeitig punktuelle Bodenfeuchtemessungen für Planungsübersichten für ganze Regionen verwendet werden.

Ein noch nicht gelöstes Problem bleibt die Dynamik der Prozesse, welche noch detaillierter modelliert werden müssen, was jedoch genügendes Datenmaterial voraussetzt (R. DUTTMANN & T. MOSIMANN 1994: 3). Bei ungenügender Datenbasis muss auf die Modellierung bestimmter Teilprozesse des Landschaftshaushaltes verzichtet werden. Dieses Problem scheint auch der Hauptgrund dafür zu sein, weshalb sich die prozessbasierte Mikrochorenkarte für ein weiteres Upscaling – eine Adaption an den mesochorischen bis makrochorischen Bereich – nicht mehr eignet. Entsprechend unbefriedigend fällt die in Kapitel 5.3 präsentierte mesochorische Risikokarte (Kartenband: Karte 28) aus.

Zusammenfassend kann festhalten werden, dass sich eine risikobasierte Mikrochoren-Ausgliederung (Kartenband: Karte 26) nur für bestimmte Verwendungszwecke eignet, ja überhaupt keine Mikrochoren im Sinne der Definition aus Kapitel 1.4 dargestellt werden, sondern mehr oder weniger willkürlich abgegrenzte Areale, denen der Bezug zur geoökologischen Realität fehlt (vgl. dazu die Bemerkungen in Kapitel 5.2). In Kombination mit zusätzlichen Karten (wie die erwähnte Vegetations- oder Nutzungskarte) kann aber auch eine solche Karte eine geeignete Anwendung finden, z. B. als (land- oder forstwirtschaftliche) Eignungskarte. Gegenüber den auf Strukturgrössen basierenden Mikrochorenkarten behält sie den Vorteil, prozessuale Vorgänge – insbesondere chorisch wirksame Prozesse – zu berücksichtigen, wenngleich dies nicht immer umfassend und oft nur qualitativ geschehen kann.

Den chorisch relevanten Prozessen wird in der prozessbasierten Karte im Bereich des Klimas Rechnung zu tragen versucht, indem der Birstaler Kaltluftsee sowie eine empirisch gewonnene Nebelzone oberhalb 700 m ü. M. miteinbezogen werden. Beide erstrecken sich und wirken über mehrere Einzugsgebiete. Das Erfassen hydrologischer Prozesse jedoch scheint im chorischen Massstab unmöglich, zumindest mit den vorhandenen Daten. Dieses Problem des Verknüpfens von vertikalen und lateralen Stoffflussmessungen mit mittel- und kleinmassstäbigen Karten wird bei M. MENZ & C. KEMPEL (1999) diskutiert.

Zum Schluss dieses Kapitels sollten wir noch auf anthropogene Einwirkungen zu sprechen kommen. Obwohl sie zu einem Teil indirekt über die Prozessmodelle in den Komplexkarten enthalten sind – vor allem über die pH-Werte und die in die Modelle integrierten Landnutzungsformen – bleiben zahlreiche Einflüsse des Menschen unberücksichtigt, welche ebenfalls geoökologische Risiken beinhalten können (z. B. Luftverschmutzung, Schwermetall- oder Lärmbelastung; vgl. auch Kapitel 7.3.3). Zudem werden die im Untersuchungsgebiet liegenden Siedlungen als *Technotope* in den beiliegenden Karten zumeist ausgespart. Diese Vernachlässigung ist für die räumliche Gliederung unseres Testgebietes zulässig, da es sich um einen weitgehend ländlichen und nicht um einen urbanen Raum handelt, auch wenn er durch anthropogene Einflüsse überprägt wird (Kapitel 7.2.4).

In der Kartieranleitung von H. ZEPP & S. STEIN (1991) ist der anthropogene Einfluss als landschaftsstrukturierender Faktor mitberücksichtigt worden und wird über Natürlichkeitsgrade, sog. Hemerobiestufen, integriert. Dies wäre auch für unser Gebiet möglich gewesen, wurde jedoch unterlassen, da wir auf schon fast zwei Jahrzehnte alte Daten zurückgriffen und somit nur wenige aktuelle Aussagen zum anthropogenen Einfluss auf die Landschaft machen können (vgl. z. B. Abbildung 7-7).

6.2 Praktische Anwendungsbeispiele

Dieses Kapitel zeigt einige Anwendungen der erstellten digitalen Karten. Die dabei verwendeten Karten werden für jede Anwendung wieder neu reklassifiziert und mit anderen Karten verschnitten.

1. Beispiel:	**Rebbau**
– Frage:	Welche Gebiete eignen sich für den Rebbau ?
– Eingangsgrössen:	Besonnungskarte (höchste Klasse gemäss Karte 20), Frostkarte (höchste Klasse gemäss Karte 19), Waldflächen (es sollen schliesslich keine Rodungen vorgenommen werden !), versiegelte Areale. Die Höhenlage muss nicht speziell berücksichtigt werden, da alle in Frage kommenden Gebiete unterhalb 700 m ü. M. liegen.
– Resultat:	*siehe Kartenband: Karte 29 (vgl. dazu auch Beispiel 4).*

Bemerkungen: Ein grösseres zusammenhängendes Gebiet auf der Blauenweide wurde bzgl. Rebbau als geeignet ausgeschieden. Da die Blauenweide mit ihrem Trockenrasen zu schützen und ihre Höhenlage zudem mit 600 bis 650 m ü. M. für Reben nicht mehr ganz ideal ist, kommt dieses Gebiet nicht in Betracht.

Dieses Beispiel zeigt, dass man die aufgrund einer Verschneidung im GIS erhaltenen Resultate niemals direkt und unkritisch in die Praxis umsetzen darf. Sie dienen in jedem Fall nur als erste Hilfe und müssen unter Einbezug wissenschaftlicher Erfahrung weiterverarbeitet und zugleich vor Ort überprüft werden.

– Qualitätskontrolle: siehe Abbildung 6-2.

Abb. 6-2: Rebbau (im Hintergrund rechts) in der östlichen Hard ob Zwingen (Standort: 606 900 / 254 400). Foto: Marius Menz, April 1998

Die abgebildete Rebbaufläche entspricht genau der in der Eignungskarte (Kartenband: Karte 29) ausgeschiedenen. Im Jahre 1982 wurde an dieser Stelle gemäss der damaligen Vegetationsaufnahme noch kein Rebbau betrieben. Im Hintergrund links entstand gerade ein Neubau. Wegen zu grosser Hangneigung kann an diesem Ort kein Ackerbau betrieben werden. Für den Rebbau wiederum ist das Grundstück gemäss Karte 29 (Kartenband) wegen des Kaltluftsees im Birstal bereits nicht mehr ideal.

Selbstverständlich ist die GIS-Modellierung aufgrund ihrer vereinfachenden Annahmen (z. B. der empirisch festgelegten Mächtigkeit des Birstaler Kaltluftsees) nicht in der Lage, auf so kleinen Räumen präzise Aussagen zu machen, wie man in diesem Beispiel fast glauben könnte.

2. Beispiel:	**Erosionsgefährdete Ackerflächen**
– Frage:	Wo befinden sich Ackerschläge mit erhöhter Erosionsgefährdung?
– Eingangsgrössen:	Ackerflächen, Hangneigung >7°
– Resultat:	*siehe Kartenband: Karte 30.*
	Von den kartierten Ackerflächen wurden 47.5 % (= 54 ha) als erosionsgefährdet ausgeschieden!
– Qualitätskontrolle:	durch Kartierung effektiv aufgetretener Erosionsereignisse vorzunehmen.

Bemerkungen: Unter Verwendung der gemäss BA LVL (R. MARKS et al: [2]1992) erstellten Erosionskarte (Kartenband: Karte 18) würden sogar über 80 % aller Ackerflächen als erosionsgefährdet (Bodenabtrag >10 t/(ha•a)) ausgeschieden (vor allem deshalb, weil Acker bereits als erosionsbegünstigend ins Modell miteinging). Das ist auch der Grund, weshalb in diesem Beispiel ein Ansatz über die Hangneigung gewählt wird. Allerdings ist dieser mit dem Nachteil verbunden, dass keine Aussagen mehr über die zu erwartenden Abtragsmengen gemacht werden können. Ausserdem ist zu beachten, dass eine intensive Bewirtschaftung ein höheres Erosionspotential beinhaltet als eine extensive.

3. Beispiel:	**Dürreanfälligkeit**
– Frage:	Wo befinden sich dürreanfällige (austrocknungsgefährdete) Gebiete?
– Eingangsgrössen:	Besonnung, Vegetation.
– Vorgehensweise:	Darstellung der Vegetation in der Zone maximaler Besonnung (vgl. Kartenband: Karte 20); keine Verwendung von Modellen.
	Die Bodenart bleibt unberücksichtigt, da im Untersuchungsgebiet (Kalkgebiet mit hohem Anteil an

Rendzinen) nicht generell angenommen werden darf, dass Sand die Austrocknungsgefahr begünstigt und Ton diese hemmt. Ebenso wird das Modell der Bodenfeuchte – in welchem Bodenart und Relief stecken – nicht verwendet, das heisst, die Reliefform wird ebenfalls vernachlässigt.

- Resultat: *nicht präsentiert, da unbefriedigend.*
- Qualitätskontrolle: im Feld vorzunehmen.

Bemerkungen: Interessiert man sich für dürreanfällige Gebiete im Zusammenhang mit Voraussetzungen für die Vegetation, so bleibt zu berücksichtigen, dass der Niederschlag im Sommer sowie die Temperatur im Frühling für Pflanzen limitierende Faktoren sind (vgl. C. ROGGO VOEGELIN: 1998 sowie die Klimadaten in Kapitel 2.2). Bessere Resultate könnten durch den Einbezug klimatischer Faktoren sowie den oben erwähnten Boden- und Reliefparametern erreicht werden. Weitere Feldmessungen wären dazu allerdings erforderlich.

Insbesondere die Bodengründigkeit kann entscheidend über die Austrocknung eines Bodens mitbestimmen. Die Trockenstandorte befinden sich meistens an flachgründigen unbewaldeten Steilhängen südlicher Exposition. Sie könnten auch über die Vegetation (Zeigerpflanzen) nachgewiesen werden.

4. Beispiel: **Ideale Ackerstandorte**

- Frage: Wo befinden sich die idealen Ackerstandorte ?
- Eingangsgrössen: Vegetation (waldfrei), geringe Erosionsgefahr (zu erwartender Abtrag <5 t / [ha∗a]), geringes oder nur mässiges Frostrisiko (Kartenband: Karte 19).

Bemerkungen: Aufgrund fehlender Daten kann die Bodenmächtigkeit nicht berücksichtigt werden. Ansonsten könnte zusätzlich die Bedingung *mächtige Rendzina* gewählt werden. Zudem ist zu sagen, dass der Kaltluftsee des Birstals in der resultierenden Karte in seinem Ausdehnungsgebiet keinen

Ackerbau empfiehlt. Dies ist natürlich in der Praxis weit weniger dramatisch, da unser Testgebiet im allgemeinen von einem milden Klima profitiert. Die Frostgefährdung ist daher für den Ackerbau sicherlich sekundär. Will man unser Modell jedoch auf Nachbargebiete in grösserer Höhenlage oder höherer Breitenlage übertragen, so erlangt dieser Parameter vermehrt Bedeutung.

In die endgültige *Eignungskarte mit ökologischen Schutzzonen* werden daher die für den Ackerbau geeigneten Gebiete innerhalb des Birstaler Kaltluftsees wieder aufgenommen, gleichzeitig wird auch den schützenswerten Auenwäldern und Trockenrasen (und somit auch den in Beispiel 1 angesprochenen Problemen) Rechnung getragen.

– Resultat: *siehe Kartenband: Karte 29 (vgl. dazu auch Beispiel 1).*

1.86 km^2 der kartierten Ackergebiete werden zunächst als ideal ausgeschieden. Mit den nachträglich wieder zugelassenen Arealen innerhalb der am meisten frostgefährdeten Zone sind es genau 2 km^2. Da nach unserer Vegetationsaufnahme 1.14 km^2 des Untersuchungsgebietes Ackerland und davon gemäss Beispiel 2 knapp die Hälfte erosionsgefährdet ist, sind im Moment auf den ersten Blick noch genügend für den Ackerbau geeignete Freiflächen vorhanden. Bei Bedarf müssen allerdings weitere Abklärungen folgen, wie wir bereits in Beispiel 1 (Bemerkungen) festgestellt haben.

– Qualitätskontrolle: eventuell durch Konsultation von Landwirten.

Bevor wir zu Beispiel 5 kommen, wollen wir uns noch etwas eingehender mit Karte 29 (Kartenband) befassen, da sie bereits in zwei Beispielen (Nr. 2 und 4) verwendet wurde und ein zentrales Ergebnis der vorliegenden Arbeit darstellt, indem sie die Anwendbarkeit der geoökologischen Risikokarten veranschaulicht. Wir wollen untersuchen, inwieweit die bestehenden Ackerflächen innerhalb der von Karte 29 empfohlenen Zone liegen.

Auf den ersten Blick stellen wir eine grosse Diskrepanz zwischen den realen Ackerschlägen (vgl. Kartenband: Karte 16) und den auf Karte 29 dafür empfohlenen Arealen fest. Karte 29 weist grössere zusammenhängende Gebiete westlich von Nenzlingen als ideale Ackerbaugebiete aus. In Wahrheit finden wir dort lediglich Wirtschaftsgrünland. Umgekehrt treffen wir auf dem Oberfeld (nördlich von Blauen) und dem Strängenfeld (südlich von Blauen) auf die grössten Ackerschläge im Gebiet, obwohl Karte 29 wegen erhöhter Frost- (Strängenfeld) bzw. Erosionsgefahr (Oberfeld) dort nur lokal den Ackerbau empfiehlt.

An diesem Beispiel erkennen wir, dass die Übertragung theoretisch gewonnener Erkenntnisse in die Praxis ohne Berücksichtigung zahlreicher weiterer (ökonomischer, historischer etc.) Gegebenheiten nicht sinnvoll ist. Offenbar ist die (qualitativ!) vorhergesagte Frostgefährdung für das Strängenfeld dem dortigen Ackerbau nicht allzu hinderlich. Anderseits wird die Erosionsgefährdung nördlich des Dorfes Blauen wohl einfach in Kauf genommen. Hier müssten detaillierte Abklärungen vor Ort erfolgen.

In der unmittelbaren Umgebung von Nenzlingen ist offenbar kein Bedürfnis für Ackerbau vorhanden, zumindest wurde zur Zeit der Vegetationskartierung kaum welcher betrieben. Gemäss Karte 29 wäre dort Ackerbau ökologisch verträglich durchführbar. Obwohl auch in diesem Fall (wie immer und überall!) erst genauere Abklärungen vor Ort erfolgen müssten, könnte Karte 29 als Planungsgrundlage wertvolle Hilfe leisten.

Der Vergleich von Karte 29 mit der neusten Ausgabe (1994) der topographischen Karte (1: 25 000) des Gebietes zeigt, dass die empfohlenen

Schutzzonen für Trockenrasen von Bautätigkeit grösstenteils verschont blieben, mit Ausnahme von Teilen des Osthanges von Dittingen.

5. Beispiel: Vernässungsgefahrenstellen

– Frage: Wo befinden sich innerhalb der Ackerstandorte Gebiete mit potentieller Vernässung?

– Eingangsgrössen: Nutzungsform: Acker; Reliefform (Matrix gemäss Tabelle 4-6, wobei die Vernässungsgefahr wie die Frostgefahr behandelt wird); Bodenart (1 = Ton, 2 = Schluff, 3 = Sand).

Bemerkung: Die meisten Ackerschläge liegen mehr oder weniger eben, sodass der Berücksichtigung der Reliefform nicht allzu grosse Bedeutung zukommt.

– Resultat: *siehe Kartenband: Karte 31.*

3.8% der kartierten Ackergebiete wurden bezüglich Vernässung als potentiell gefährdet ausgeschieden.

– Qualitätskontrolle: Kontrolle im Feld, evt. Befragung von Landwirten.

6. Beispiel: Boden-Nährstoffgehalt

– Frage: Wie lässt sich der potentielle Nährstoffgehalt des Bodens in einem Geoökotop auf einfache (qualitative) Weise bestimmen?

– Eingangsgrössen: pH, Bodenart, Gründigkeit (siehe Kartenband: Karte 17b).

– Vorgehensweise: Bewertung des Nährstoffgehaltes mittels Punktesystem für das Teilgebiet Nenzlingen (vgl. Kapitel 4.4.3). Verwendet wird dabei nicht die Nährstoffzahl nach E. LANDOLT (1977), sondern ein einfacheres Verfahren, welches nach folgendem Schema vorgeht:

Eingangsparameter	Klassen	Punkte
pH-Wert	>6.2	2
	5.1 bis 6.2	1
	<5.1	0
Bodenart	Tonig	2
	Schluffig	1
	Sandig (kommt nicht vor)	0
Boden-Gründigkeit ((A+B)-Horizont)	>60 cm	2
	30 cm bis 60 cm	1
	<30 cm	0

Tab. 6-1: Bewertungsschema für den Boden-Nährstoffgehalt
Die Klassengrenzen folgen den Vorgaben der KA GÖK 25 (H. LESER & H.-J. KLINK: 1988). Die Punkte für die drei verwendeten Eingangsparameter wurden empirisch ermittelt. Sie werden addiert und ergeben eine "Nährstoffzahl".

Bemerkung: Das Punktesystem beruht auf der begründeten Annahme, dass der Boden-Nährstoffgehalt mit steigendem pH und zunehmender Bodenmächtigkeit steigt. Ferner darauf, dass ein toniger Boden mehr Nährstoffe binden kann als ein schluffiger oder gar ein Sandboden.

– Resultat: *siehe Kartenband: Karte 32.*

– Qualitätskontrolle: Laboranalysen von entnommenen Proben; evt. Entscheid vor Ort aufgrund der Vegetation (Zeigerwert-Methode nach E. LANDOLT: 1977).

Schliesslich sollen noch ein paar Ideen für weiterführende Forschungsarbeiten mit dem reichlich vorhandenen Datenmaterial gegeben werden:

7. Beispiel:	**Hecken in frostgefährdeten Gebieten**
– Frage:	Wo werden Kaltluftseen in ihrer Bildung durch anthropogene Hecken (technogene Verbauungen bleiben unberücksichtigt) zusätzlich begünstigt ?
– Eingangsgrössen:	Vegetation, Kaltluftgefährdung.

Bemerkungen: Das Aufstauen von Kaltluft wird, abgesehen vom Georelief, nicht nur durch Hecken begünstigt, sondern vor allem durch Waldränder. So beispielsweise auf dem Strängenfeld (siehe Kartenband: Karte 1), welches auf der Frostgefährdungskarte (Kartenband: Karte 19) noch als "mässig gefährdet" eingestuft wird. Wären die stauenden Effekte durch die Vegetation mitberücksichtigt, wäre hier vermutlich die Klasse "stark gefährdet" erreicht worden.

– Qualitätskontrolle:	im Feld (Temperaturmessungen, Kartierung von Frostschäden).

8. Beispiel:	**Hochwassergefährdung**
– Frage:	Welche Bereiche des Untersuchungsgebietes sind nach starken oder länger anhaltenden Niederschlägen hochwassergefährdet ?
– Eingangsgrössen:	Fliesswege, Abflusskoeffizienten für verschiedene Bodenbedeckungen. Die Fliesswege resultieren aus der Karte der Talbreiten und -tiefen der Georeliefanalyse (Kartenband: Karten 7 und 8). Es gelten folgende Abflusskoeffizienten (Tabelle 6-2):

Bodenbedeckung	Abflusskoeffizient
Weide	0.6 - 0.7
Mähwiese	0.4 - 0.5
Wald	0.3 - 0.4
Fels	0.7 - 0.8

Tab. 6-2: Abflusskoeffizienten für verschiedene Bodenbedeckungen (nach J. ZELLER: 1972)

Die verwendeten Koeffizienten wurden empirisch ermittelt und stellen Durchschnittswerte dar.

– Qualitätskontrolle: im Feld sowie durch historische Nachforschungen (in der Vergangenheit aufgetretene Hochwasser ?).

9. Beispiel: **Feuchtezahl – Bodenfeuchte**

– Frage: Ist unsere modellierte potentielle Bodenfeuchte mit der Feuchtezahl (Zeigerwert-Methode) nach E. LANDOLT (1977) zu verifizieren ? (vgl. dazu Kapitel 4.5.4 sowie R. SOLLBERGER 1982: 146 ff.).
Zu beachten ist die saisonale Abhängigkeit der Zeigerwerte.

10. Beispiel: **Erholungseignung**

– Frage: Wo befinden sich Gebiete, die zur Erholung des Menschen beitragen können ?

– Eingangsgrössen: Vegetation, Strassen und Siedlungen.

– Vorgehensweise: Ermittlung der Distanzen von Siedlungsgebieten und Strassen zu Grünflächen mit Erholungsfunktion (im GIS mit sog. *Buffer-Methode* darstellbar, vgl. M. MENZ: in Vorb.). Ermittlung der Länge von

	Waldrändern, Flussufern in natürlichem Zustand etc..
– Qualitätskontrolle:	im Feld nach subjektiven Kriterien vorzunehmen, durch Befragung von Besuchern, Wandern etc..

11. Beispiel: **Generierte Vegetationskarte**

– Ziel: Aufgrund von Relief, Substrat und Klima soll die zu erwartende potentielle Vegetation kartiert und mit der realen im Feld verglichen werden.

– Zweck: Erklärung der Abweichungen zwischen potentieller und realer Vegetation. Inwieweit entstehen sie durch mangelnde Qualität des Modells, und wo haben anthropogene Einflüsse die reale Vegetation verändert?

12. Beispiel: **Geomorphologische Prozesskarte**

– Fragen: Welcher Prozess (z. B. Verkarstung, Denudation, fluviale Prozesse) dominiert in welchem Gebiet? Welche Kombinationen geomorphologischer Prozesse treten auf?

– Zweck: Vergleich mit der in der vorliegenden Dissertation erstellten *geoökologischen Prozesskarte* (Kartenband: Karte 24), welche mit Ausnahme der Bodenerosion eigentliche geomorphologische Prozesse (vgl. Kapitel 6.1) ausklammert.

13. Beispiel: **Quellstandorte**

– Ziel: Vergleich der (aufgrund der geologischen Verhältnisse) erwarteten mit den tatsächlich vorgefundenen (anthropogen veränderten!) Quellstandorten.

– Zweck:	Wasserversorgung; Untersuchung der im Jura verbreiteten Nitratproblematik.

Bemerkung: Die Quellen wurden im Rahmen der Geländepraktika kartiert.

14. Beispiel:	**Besonnungskarte unter Berücksichtigung der Reliefabschattung und des Einflusses des Waldes**
– Ziel:	Gewinnung präziserer Werte für die potentielle direkte Sonneneinstrahlung.
– Eingangsgrössen:	Verschiedene Waldtypen (Laub- und Nadelwald, Jungforst etc.), digitales Höhenmodell.
– Qualitätskontrolle:	durch Besonnungsmessungen auf freiem Feld und im Wald.

6.3 Übertragbarkeit der gewählten Methodik

K. MANNSFELD (1994: 48 ff., leicht verändert) schreibt, dass sich für die Planungspraxis besonders solche Ansätze als nützlich erwiesen, welche versuchten, in kleineren Testflächen ermittelte Daten und deren Wirkungsgefüge zu extrapolieren. Es ist bekannt, dass in den Geowissenschaften jede Extrapolation von Daten aus einem Gebiet auf ein noch so ähnliches anderes mit grossen Unsicherheiten behaftet ist. Dennoch kommt man nicht darum herum, denn es ist einfach unmöglich, Gebiete regionalen Massstabs feldkundlich detailliert zu untersuchen (etwa mit der Methode der Landschaftsökologischen Komplexanalyse [T. MOSIMANN: 1984]). Aus diesem Grund werden Testgebiete benötigt, um neue Methoden zu erproben, die in einem späteren Schritt in Nachbargebieten ähnlicher Ausprägung angewandt werden können (vgl. dazu auch die Ausführungen in Kapitel 3.3). Die Grenzen der hier vorgestellten Methodik wurden in den Kapiteln 5.2 bis 5.4 erfahren und in Kapitel 6.1 bereits angeschnitten. Sie werden in Kapitel 6.5 diskutiert.

Der Autor betrachtet die in der vorliegenden Arbeit angewandte Methodik der räumlichen Gliederung insofern als leicht auf Nachbargebiete übertragbar, als nur relativ rasch erfassbare Parameter (vgl. dazu die Minimalkataloge in Kapitel 6.4) verwendet werden und unser Testgebiet ausserdem durch seine mittlere Topographie auch Anpassungen für Flachlandschaften oder Mittelgebirge zulässt. Lediglich für die Anwendung in nicht-gemässigten Klimazonen (also beispielsweise auch in höheren Lagen der Alpen) scheinen grössere Änderungen angebracht, wie schon in Kapitel 6.1 bemerkt wurde.

Ein Beispiel für eine notwendige Anpassung der in der vorliegenden Arbeit eingesetzten Methodik bietet die Karte der pedoökologisch problematischen Areale (Kartenband: Karte 23). Die dort vorausgesetzte Bedingung, dass sich die beiden kartierten Grössen im Untersuchungsgebiet nicht überlagern (vgl. Kapitel 5.1), gilt nicht automatisch auch für andere Testgebiete.

6.4 Anleitung für eine praktikable und rasch durchführbare Kartierung geoökologischer Einheiten

Eines der Ziele der vorliegenden Arbeit war das Erstellen sogenannter Minimalkataloge für Felddaten, welche im topischen bzw. chorischen Massstab zwecks Ausgliederung räumlicher Einheiten unbedingt aufzunehmen sind. In der Literatur finden wir zahlreiche Beispiele für solche Minimalkataloge, so bei T. MOSIMANN (1987) oder bei H. LESER & H.-J. KLINK (1988: 136 ff.). Nachfolgende Tabelle 6-3 zeigt einen zwecks prozessorientierter Geoökotop-Ausgliederung zu verwendenden Aufnahmekatalog, in Anlehnung an Tabelle 5-1.

Prozessbereich	Eingangsgrössen	Kommentar
Lufthaushalt	Kaltluftströme	Luv- und Leelagen sowie Hangwinde unberücksichtigt
Wasserhaushalt	Relative Bodenfeuchte	Oberirdische und unterirdische Flüsse unberücksichtigt
Nährstoffhaushalt	Säurestufe (pH-Wert) *ohne Modell*	Nährstofftransporte unberücksichtigt
Feststoffhaushalt	Feststofftransporte (Bodenerosion)	Stoffverfrachtungen durch Wind unberücksichtigt
Strahlungshaushalt	Direkte potentielle Einstrahlung	Einfluss der Vegetation (Wald etc.) unberücksichtigt

Tab. 6-3: Minimalkatalog für eine prozessorientierte räumliche Gliederung in topischer Dimension

Dieser Minimalkatalog berücksichtigt fünf elementare Prozessbereiche, die in eine Geoökotop-Ausgliederung miteinzufliessen haben. Biotische und anthropogene Einflüsse bleiben dabei weitgehend unberücksichtigt.

Prozessbereiche	Eingangsgrössen	Kommentar
Klima	Kaltluft- und Besonnungsmodell	*Generell:* klimatisch begünstigt bzw. benachteiligt
Boden	Erosionsmodell und Säurestufen (pH)	*Generell:* Gefährdung des Bodens durch Abtrag oder Versauerung
Wasserhaushalt	Substrat *ohne Modell*	Niederschlag sowie Grundwasser unberücksichtigt

Tab. 6-4: Minimalkatalog für eine prozessorientierte räumliche Gliederung in chorischer Dimension

Dieser Minimalkatalog berücksichtigt die drei elementaren Prozessbereiche Klima, Boden und Wasserhaushalt, die in eine Mikrochoren-Ausgliederung miteinzufliessen haben.

Obige Minimalkataloge verdeutlichen, welche Ausgangsdaten vorliegen müssen, um eine prozessbasierte räumliche Gliederung in topischer bis chorischer Dimension vornehmen zu können. Sie dienen jedoch lediglich als Basis und müssen je nach Untersuchungsgebiet mehr oder weniger stark angepasst werden, wie wir bereits in den Kapiteln 6.1 und 6.3 festgestellt haben.

Je genauer die Modelle, desto präziser die Resultate. Da es in der heutigen Zeit immer leichter ist, digitale Höhenmodelle zu beziehen, und weil die Prozessmodelle immer genauer werden, kann manche Feldarbeit rationalisiert, wenngleich nicht ersetzt werden (vgl. Kapitel 6.5). Eine Rationalisierung der Feldarbeit ist insbesondere dann möglich, wenn zusätzlich Bodenkarten und Luftbilder erhältlich sind. In jenem Fall könnte die Vegetationskarte aus dem Luftbild generiert werden, und die Feldarbeit reduzierte sich auf Kontrollen.

In der vorliegenden Arbeit wurde z. B. die Bodenerosion durch eine leichte Vereinfachung des Modells der BA LVL (R. MARKS et al: [2]1992) modelliert. Wo keine Bodendaten vorhanden sind, sind für eine erste grobe

Fütterung dieses Modells die Bodenart und der pH-Wert des Oberbodens zu bestimmen. Je nach Untersuchungsgebiet sollten die Erfahrung des Forschers oder das Verwenden eines regelmässigen Rasters über die Standorte der Bodenuntersuchungen entscheiden.

Wo die Bodenprofilaufnahme entfällt, ist die Feldarbeit nicht – wie sonst in der Geoökologie üblich – sehr zeitaufwendig. Es muss nicht unbedingt im Feld schon kartiert werden, sondern es genügen tabellarische Datenaufnahmen. Ebenfalls zu umgehen ist so die mühsame Vorarbeit des Digitalisierens konventioneller Karten; eventuell kann sogar die Vegetation aus der Pixelkarte übernommen werden, oder es wird ab Luftbild kartiert.

In der vorliegenden Arbeit musste bekanntlich sogar eine Bodenkarte digitalisiert werden, da mit den Referenzarealen der Bodenformen gearbeitet wurde. Dies ist aber nicht nötig, falls die gemessenen Bodendaten direkt in Reliefeinheiten (-elemente oder -fazetten) oder in Vegetationseinheiten eingegliedert werden. Allerdings ist das Arbeiten mit Bodenformarealen wesentlich genauer. Als Vorarbeit zur erwähnten Digitalisierung der Bodenformareale wurden

1. die konventionell erstellten Karten (Bodenformen, Bodenart, Vegetation) kopiert,
2. die einzelnen Farbkopien der Teilgebiete (siehe Kapitel 3.1) auf den einheitlichen Massstab 1: 10 000 verkleinert,
3. diese auf einer auf denselben Massstab vergrösserten Karte des gesamten Untersuchungsgebietes eingeklebt und
4. die so gewonnenen drei thematischen Karten des Gesamtgebietes digitalisiert.

Dieser Schritt der Vorarbeit wird an dieser Stelle erwähnt, weil gerade oft sehr simple praktische Probleme am meisten Kopfzerbrechen bereiten können.

6.5 Kontrolle im Gelände – Grenzen der Methodik

Nach durchgeführter räumlicher Gliederung am Computer, möchte man diese bezüglich Aussagekraft und Realitätsnähe prüfen. Ganz anders als bei geomorphologisch ausgegliederten topischen Einheiten ist eine Erfolgskontrolle unter risikobasierten Gliederungskriterien äusserst schwierig, haben wir doch meist keine sprunghaften Übergänge, wie sie bei der Geologie oder der Vegetation vorkommen. Meist erschweren in der Realität fliessende Übergänge[1] oder völlig "verwaschene" Grenzen, welche sich durch die Überlagerung aller miteinbezogenen Parameter gebildet haben, eine solche Kontrolle. Häufig ist eine Änderung der Reliefform für den Verlauf einer Arealgrenze ausschlaggebend, da das Relief in alle verwendeten Modelle eingeht.

In Anlehnung an die Überlegungen aus Kapitel 3.2 scheint es vertretbar, auf eine umfassende Kontrolle der Ergebnisse zu verzichten, da in der vorliegenden Arbeit die Methodik im Vordergrund steht und als Resultat keine direkt umsetzbare Planungskarte erfolgen muss. Voraussetzung ist jedoch, dass die Tatsache, dass der Einsatz eines GIS oft eine nicht vorhandene Genauigkeit vorspielen kann, stets im Hinterkopf behalten wird. Nur wenn die nach wie vor bestehende Notwendigkeit der exakten Kartierung im Feld akzeptiert wird, können zuverlässige digitale Karten produziert werden.

Eine Kontrolle der Ergebnisse wäre überdies nur dann sinnvoll, wenn zuvor die den Modellen zugrundeliegenden Eingangsdaten kontrolliert worden wären. In Kapitel 5.1 wurde im Rahmen der Diskussion der Geoökotopkarten (Kartenband: Karten 24a und 24b) von einem möglichen Kartierungsfehler der Bodenart im mittleren Bereich des Blauengrates gesprochen. Ein solcher Fehler würde sich natürlich in sämtlichen nachfolgenden Karten, in denen die Bodenart einging, auswirken. Da es im Rahmen dieser Arbeit jedoch aus zeitlichen Gründen nicht möglich war, die im Feld erhobenen

---

[1] Es sind sog. Ökotone, also kontinuierliche Übergangsbereiche zwischen verschiedenen geoökologischen Raumeinheiten.

Messwerte sowie deren Aktualität zu überprüfen, musste von der Annahme korrekter Ausgangsdaten ausgegangen werden.

Somit werden auch die Möglichkeiten und Grenzen der hier angewandten Methodik sichtbar: Die Methodik steht und fällt mit der Qualität der Ausgangsdaten. Sie erlaubt es, relativ rasch zu brauchbaren räumlichen Einheiten zu gelangen, setzt jedoch ein angemessenes Datenmaterial voraus, das grösstenteils noch immer im Feld erhoben werden muss (vgl. Kapitel 6.4). Die Grenzen der Methodik sind vor allem dimensionsabhängig: wird die mikrochorische Dimension überschritten, so ist in den meisten Fällen der Arbeitsaufwand der Datengewinnung nicht mehr zu bewältigen. Wie wir in Kapitel 5.3 und 5.4 gesehen haben, ist die gewählte Methodik für solche Dimensionen nicht mehr geeignet, da sie nicht beliebig vereinfacht werden kann und eine Datenbasis mit hoher Auflösung verlangt.

Abbildung 6-3 zeigt *eine* Möglichkeit der Resultatkontrolle: die Kontrolle im Feld, evt. fotografisch festgehalten. Eine andere – einfachere, aber in der Regel sehr teure – Methode ist die Kontrolle mit Luftbildern. Sie ist dort einsetzbar, wo hochauflösende Fernerkundungsmethoden anwendbar sind (vgl. H. LESER: 1987a).

Abb. 6-3: Erosionsschäden in einem als erosionsgefährdet bezeichneten Geoökotop. Standort: Dittingerweide (Foto: GP 109, Juli 1982)

Abbildung 6-3 versucht, eine der in der Geoökotopkarte (Kartenband: Karte 24a) vorhergesagten Gefahren fotographisch zu überprüfen. Wir erkennen typische Rinnenerosion auf relativ steiler, durch Viehtritte terrassierter Weide.

6.6 Fazit

Die Verschneidung von Prozessen als Komplexgrössen, in welche edaphische und Georeliefmerkmale bereits integriert sind, sowie die Ausgliederung von Geoökotopen und Mikrochoren, welche direkt geoökologische Risikoareale darstellen, erscheint dem Autor als recht einfache und in topischer bis mesochorischer Dimension nützliche sowie adäquate Methodik der räumlichen Gliederung. Diese kann der Praxis (Raumplanung, Landwirtschaft, Forstwirtschaft etc.) einen ersten Überblick und somit eine solide Basis für eine umweltgerechte Landnutzung sowie Siedlungs- und Landschaftsplanung (siehe Kapitel 7.3) liefern.

Eine noch umfassendere Datenerhebung würde insbesondere in den Bereichen Nährstoff- und Wasserhaushalt weitere wichtige Parameter, eventuell Nährstoffbilanzen, liefern, welche in den resultierenden Komplexkarten berücksichtigt werden könnten. Daraus könnten Karten erstellt werden, welche zusätzliche Aussagen über Stoffflüsse (wenn auch nicht laterale, so doch vertikale) zuliessen und z. B. die Belastung des Grundwassers mit Nitrat oder anderen Stoffen abzuschätzen helfen könnten.

Brauchbare Daten über den Nährstoffhaushalt sind oft nur durch aufwendige Laboranalysen zu gewinnen, weshalb sie in den oben vorgeschlagenen Minimalkatalogen (Tabellen 6-3 und 6-4) nicht gefordert werden. Liegen solche Daten für ein Gebiet aber bereits vor, so ist deren Einbezug in die Geoökotop-Ausgliederung nichts entgegenzusetzen. Wie dies genau zu geschehen hat, kann hier nicht ausgeführt werden; auf jeden Fall müsste das Gliederungsverfahren (Tabelle 5-1 bzw. Abbildung 5-1) mehr oder weniger modifiziert werden.

Gesamt-Geoökosystemmodelle sind zur Zeit noch nicht realisierbar. Daher bestimmt die Qualität der modellierten Teilsysteme die Grenzen der Aussagekraft der räumlichen Einheiten (vgl. auch die Bemerkungen ausgangs Kapitel 5.4).

7. Schlussbetrachtung und Ausblick

7.1 Erkenntnisse aus der Arbeit

7.1.1 Allgemeines

Eine aktive Raumordnungspolitik im Sinne der Stabilisierung der Ökosysteme ist die Voraussetzung für die Landschaftserhaltung in unserer Region (H. LESER 1991: 254, verändert). Solch eine Stabilisierung der Ökosysteme setzt jedoch eine genaue Kenntnis der ökosystemaren Zusammenhänge sowie der lokalen landschaftsökologischen Verhältnisse des Gebietes voraus. Vor allem letzteres zu untersuchen und auszuwerten ist die Aufgabe landschafts- bzw. geoökologischer Karten, welche in Zukunft mehr und mehr in digitaler Form vorliegen werden.

Die Ausgliederung von geoökologischen Einheiten (Geoökotopen, Mikrochoren etc.) kann helfen, Planungskarten zu erstellen, welche die oben angesprochene Raumordnungspolitik prägen sollten. Zur Abschätzung und Bewertung der geoökologischen Gegebenheiten ist eine geoökologische Raumgliederung sehr nützlich, oft sogar unabdingbar. Sie darf jedoch nicht überschätzt werden: zur Erklärung von Systemzusammenhängen genügt sie allein nicht.

7.1.2 Antworten auf die Arbeitshypothesen und Ziele

Ursprüngliches Ziel der vorliegenden Arbeit war das *„Entwickeln einer Digitalen Geoökologischen Karte in offener Dimension, um für praktische Zwecke und Übertragungen auf kleine und grosse Gebiete unterschiedliche Auflösungsmodi zuzulassen."* (H. LESER 1994a: 87).

Die in Kapitel 1.4 gesteckten Ziele wurden zum grossen Teil erreicht. Lediglich die Gewährleistung von Vereinfachungen und Anpassungen der verwendeten Methodik für eine prozessorientierte räumliche Gliederung in noch kleineren Massstäben ist weiterhin mit gewissen Unsicherheiten behaftet (vgl. Kapitel 5.3 und 5.4).

Die berücksichtigten Prozesse können im GIS nur über statische Kenngrössen dargestellt werden. Eine "dynamische" Kartierung würde die Animation von Modellen bedeuten. Letztere sind jedoch in der Landschaftsökologie noch nicht genügend ausgereift, weil eine präzise Modellierung mit einer Unzahl von Parametern arbeiten müsste, welche mit realistischem Arbeitsaufwand gar nicht zu erheben wären. Zudem stösst man beim Lösen der äusserst komplexen mathematischen Gleichungen auch heute noch relativ rasch an Grenzen (vgl. H. LESER ^{4}1997: 69 ff.). Die ebenfalls noch ungelöste Problematik des Miteinbeziehens chorisch relevanter Prozesse wurde bereits mehrmals erwähnt und wird bei M. MENZ & C. KEMPEL (1999: 120) diskutiert.

Die in Kapitel 1.5.2 aufgestellte Hypothese Nr. 4 (im Folgenden noch einmal aufgeführt)

---

4. Das primäre Vorgehen bei der räumlichen Gliederung in chorischer Dimension erfolgt auf induktivem Wege, d.h. vom Topischen zum Chorischen (siehe Def. NO, Kapitel 1.4). Dabei werden zunächst Tope ausgeschieden und diese sodann über Mikro- zu Mesochoren zusammengefasst und ergänzt.

---

kann gemäss den Erkenntnissen aus den Kapiteln 5.1 und 5.2 durch folgende neue Hypothese (Nr. 4*) ersetzt werden:

4*. Die in der vorliegenden Arbeit vorgestellte neue Methodik ermöglicht die Ausgliederung topischer wie mikrochorischer Raumeinheiten aufgrund geoökologischer Risikofaktoren, indem sie lediglich prozessuale Kenngrössen zur Geoökotop-Ausgliederung benützt und den erforderlichen Minimalkatalog für die Raumgliederung in chorischer Dimension neu definiert (durch Vereinfachung und Anpassung des in topischer Dimension verwendeten Gliederungsverfahrens; vgl. Tabellen 6-3 und 6-4).

Die Bedeutung der neu entwickelten Methodik liegt darin, dass sie durch den Verzicht auf den Miteinbezug von Strukturgrössen wie Hangneigung, Vegetation etc. einfacher zu handhaben ist, jedoch nur noch bedingt erkennbare Landschaftseinheiten darstellt, was sie in Konflikt zu den elementaren landschaftsökologischen Prinzipien bringt, wie wir in Kapitel 5.2 festgestellt haben. Ausserdem kann sie in kleineren Massstäben (chorische bis regionische Dimension) nicht mehr verwendet werden. Dennoch liefert sie der Praxis eine wertvolle Hilfe bei landschaftsökologischen Stichentscheiden in topischer bis mesochorischer Dimension.

7.2 Nutzen für die Praxis

7.2.1 Land- und Forstwirtschaft

In der heutigen Land- und Forstwirtschaft herrscht vorwiegend (noch) ökonomisches Denken vor. Je länger umso mehr zeigt sich jedoch, dass ökologische Sünden meist auch ökonomische Nachteile haben. So ist es sicher nicht nur ökologisch sinnvoll, erosionsgefährdete Ackerflächen sowie häufige Abspülrinnen zu eruieren und zu beachten, sondern auch finanziell interessant.

Die in dieser Arbeit vorgestellten Karten dienen als Grundlage für Massnahmen des Erosionsschutzes, Frostschutzes, standortgerechter Aufforstung etc. Auf die Erstellung einer konkreten *Massnahmenkarte* wurde verzichtet. Eine solche ist nur dann sinnvoll, wenn mit präziseren und aktuelleren Messwerten gearbeitet werden kann.

7.2.2 Raumplanung

Unter Raumplanung muss immer auch *umweltverträgliche* Planung verstanden werden. Die Gliederung des Naturraumes sowie dessen Bewertung bietet dafür eine wichtige Grundlage. Schon G. HAASE (1976: 134) betonte die

Bedeutung der Arealstruktur von chorischen Naturräumen für die Landschaftsplanung, wenn er schreibt: *„Die Planung, Projektierung und Durchführung entsprechender* (landschaftsplanerischer) *Massnahmen erfordern in einem bestimmten Masse detaillierte Kenntnisse über die räumliche Differenzierung, d.h. über die Arealstruktur der Eigenschaften und Potentiale des Naturraums."*

Für ein Landnutzungsmanagement genügen oft schon einfachere Methoden der geoökologischen Gliederung als die in der vorliegenden Arbeit verwendete. E. UNTERSEHER (1997: 179 ff.) beschreibt eine Vereinfachung der KA GÖK 25 (H. LESER & H.-J. KLINK: 1988) zum Zwecke der ökologisch-ökonomischen Landnutzungssteuerung. In der ökologischen Planung ist es nicht primäres Ziel, die Leistung des Naturhaushaltes (R. MARKS et al: ^{2}1992) zu steigern, sondern dessen Nutzung auf die gegebenen natürlichen Voraussetzungen abzustimmen.

7.2.3 Raumbewertung

Die Beurteilung der Landschaft erfolgt gemäss G. HAASE (1994: 36, leicht verändert) aufgrund folgender Aspekte:

- Ressourcenbezogener Aspekt (Leistungsfähigkeit der Naturbedingungen gegenüber gesellschaftlichen Anforderungen).
- Stofflich-energetischer Aspekt (Belastbarkeit und Tragfähigkeit der genutzten Naturbedingungen).
- Territorial-organisatorischer Aspekt (räumliche Verfügbarkeit diskreter Naturbedingungen für bestimmte Nutzungsformen).

Diesen übergeordnet ist der
- Nutzungsfunktionale Aspekt (Nutzungseignung konkreter Naturraumeinheiten).

Darunter fällt auch die Funktion der Erholungseignung von Naturraumeinheiten (siehe dazu H. KIEMSTEDT: 1967 sowie Beispiel 10 in Kapitel 6.2 der vorliegenden Arbeit).

```
┌─────────────────────────────────────────────────────────────────────────────┐
│ LANDSCHAFTSANALYSE: Erkundung der Landschaftsstruktur                       │
│                    (Ausstattungs-, Raum- und Zeitstruktur):                 │
│ Naturraumstruktur + Landnutzungsstruktur in landschaftsdynamischer Betrachtung │
└─────────────────────────────────────────────────────────────────────────────┘
                                      │
┌─────────────────────────────────────────────────────────────────────────────┐
│ LANDSCHAFTSDIAGNOSE: Ermittlung von Leistungen der Landschaft gegenüber     │
│                     gesellschaftlichen Anforderungen und deren Grenzen      │
│                     (Stabilitätsbedingungen)                                │
│                                                                             │
│ Aspekte:                                                                    │
│                                                                             │
│  ┌───────────┐     ┌───────────┐      ┌──────────┐      ┌───────────────┐  │
│  │ Leistungs-│  +  │Belastbarkeit│ →  │ Nutzungs-│  →   │(landeskulturelle)│
│  │ fähigkeit │     │Tragfähigkeit│    │ eignung  │      │ Verfügbarkeit │  │
│  └───────────┘     └───────────┘      └──────────┘      └───────────────┘  │
│                                                                             │
│  • Naturraum-     • Belastungsgrad    • Funktionsleistung • Mehrfachnutzung │
│    potentiale     • Belastbarkeits-   • Mehrfachfunktion  • Nachbarschafts- │
│  • Naturressourcen  stufen            • Eignungs-           wirkung         │
│  • Naturrisiken   • Pufferung           präferenz         • Sperrigkeit     │
│  • Naturmilieu    • Sensitivität                          • territoriale Einordnung │
│                                                                             │
│                        ┌──────────────────────┐                             │
│                        │ Landschaftsbewertung │                             │
│                        └──────────────────────┘                             │
└─────────────────────────────────────────────────────────────────────────────┘
                                      │
┌─────────────────────────────────────────────────────────────────────────────┐
│ LANDSCHAFTSPROGNOSE: Einschätzung möglicher, vorteilhafter, notwendiger,    │
│                     risikovoller u. a. Landschaftsveränderungen             │
└─────────────────────────────────────────────────────────────────────────────┘
                                      │
                    ┌──────────────────────────────┐
                    │    LANDSCHAFTSPLANUNG        │
                    │    und -PROJEKTIERUNG        │
                    └──────────────────────────────┘
                                      │
┌─────────────────────────────────────────────────────────────────────────────┐
│                     LANDSCHAFTSBEHANDLUNG:                                  │
│                                                                             │
│ Ansatz: konservierend-      prozeßführend         baulich-technisch         │
│         stabilisierend                                                      │
│                                                                             │
│   ┌──────────────┐        ┌──────────────┐       ┌──────────────┐          │
│   │ Landschafts- │        │Landschaftskon-│      │ Landschafts- │          │
│   │ schutz       │        │trolle und    │       │ gestaltung   │          │
│   │ Landschaftspflege│    │-steuerung    │       │              │          │
│   └──────────────┘        └──────────────┘       └──────────────┘          │
└─────────────────────────────────────────────────────────────────────────────┘
```

Vorige Seite:

Abb. 7-1: Ablaufschema von der Landschaftsanalyse über Landschaftsdiagnose, -prognose, -planung bis zur Landschaftsbehandlung (nach G. HAASE 1994: 33)

Die vorliegende Arbeit fliesst in Abbildung 7-1 in die Bereiche *Naturrisiken* und *Belastungsgrad* ein. Für unser Verfahren bedeutet diese Abbildung, dass es im Bereich der Landschaftsdiagnose wirksam wird und auf die Landschaftsanalyse aufbaut, welche im Vorfeld der Geoökotop-Ausgliederung durchlaufen wurde (z. B. durch Analyse der Ausstattungsmerkmale, d. h. der strukturellen Eigenschaften wie Neigung, Bodenart etc. der Areale), um schliesslich zu prognostischen Aussagen gelangen zu können.

Abbildung 7.1 zeigt ein von G. HAASE (1994: 33) entwickeltes Ablaufschema zur Landschaftsforschung. Dabei basiert die Landschaftsdiagnose auf den Ergebnissen der Landschaftsanalyse und ermöglicht die -prognose und somit eine geeignete Landschaftsplanung.

Die für die gründliche Landschaftsdiagnose erforderliche Ermittlung von Leistungen der Landschaft sowie das Erkennen von Zusammenhängen im Naturhaushalt bedingen komplexe Karten. Dies unterstreichen auch D. BARSCH & G. RICHTER (1982: 8): *„Das Einzelelement... muss ergänzt werden durch die Diskussion seiner Einbettung in den Gesamtzusammenhang des Naturhaushaltes. Dies bedeutet die zusätzliche Erstellung einer komplexen Naturraumpotentialkarte als Diskussionsgrundlage für generelle Entscheidungen etwa im Hinblick auf Nutzungsprioritäten."*

Naturraumpotentialkarten stellen das Leistungsvermögen eines Raumausschnittes bezüglich der Anforderungen dar, welche von der Gesellschaft an ihn gestellt werden. Dies können materielle Anforderungen sein (ackerbauliche Erträge etc.), aber auch immaterielle (Erholung, Landschaftsbild etc.). Daneben gibt es zahlreiche ökologische Potentiale. Beispiele zur Berechnung des biotischen Ertragspotentials, landeskundlichen Potentials sowie Grundwasserdargebotspotentials siehe BA LVL (R. MARKS et al: [2]1992).

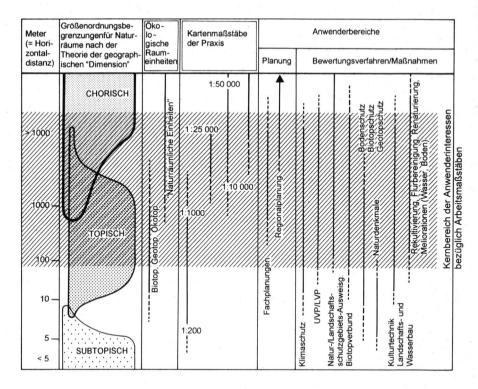

Tab. 7-1: Beziehungen zwischen Kartenmassstab, naturräumlichen Dimensionen und Nutzerbereichen von Naturraumkarten (nach H. LESER & C. KEMPEL-EGGENBERGER 1997: 201)

Wir erkennen, dass mit den in der vorliegenden Arbeit verwendeten Massstäben maximal in mesochorischer Dimension gearbeitet werden sollte, was den Schlussfolgerungen aus Kapitel 5.3 entspricht.

Bestimmte Anwendungen in der Praxis bevorzugen oder verlangen unterschiedliche Massstabsbereiche der herangezogenen Karten. Tabelle 7.1 gibt dazu eine Übersicht. Wird dies zu wenig berücksichtigt, so läuft man Gefahr, sich entweder in Details zu verzetteln oder aber wesentliches zu vernachlässigen. Dieses Problem kann allerdings niemals umgangen, sondern lediglich minimiert werden, da jede Karte – auch die digitale – ein Produkt von Kompromissen ist.

7.2.4 Landschaftsschutz

Landschaftsschutz hat heute einen hohen Stellenwert. Unter jenen Begriff fallen nicht nur objektiv messbare Grössen der Landschaft (Boden-, Wasserqualität etc.), sondern durchaus auch subjektive (Erholungswert, visuelles Landschaftsbild etc.). Zahlreiche Beispiele für Potentiale und Funktionen der Landschaft finden sich bei R. MARKS et al. (²1992). K. ADAM (1988: 120 ff.) unterscheidet in seinen stadtökologischen Untersuchungen zwischen klima-ökologisch und sozio-ökologisch notwendigen Grünflächen. Für unser Untersuchungsgebiet wurde eine solche Unterscheidung nicht explizit vorgenommen. In Karte 29 (Kartenband) sind Schutzzonen ausgewiesen, welche von besonderem geoökologischen Wert sind.

Abb. 7-2: Die Blauenweide (Blick gegen Westen): Objekt des BLN-Inventars (Foto: Marius Menz, Juli 1998)

Die 46 Hektar grosse Weide ist eine Magerwiese von internationaler Bedeutung. Mehr als 250 Pflanzenarten, darunter 87 typische Trockenrasenarten, sorgen für eine ganzjährig reiche Flora.

Zusätzlich zu einem "allgemeinen" Landschaftsschutz, d. h. einem verantwortungsbewussten Umgang mit der Umwelt, sollen aber nicht nur besonders wertvolle Ökotope unter speziellen Schutz gestellt werden, sondern auch Einzelobjekte, wie Abbildung 7-3 verdeutlichen soll.

Abb. 7-3: Kantonal geschützte Eiche auf der Blauenweide (Standort: 100 m westl. P. 616 m). [Foto: GP 104, Juli 1982]

Diese freistehende Eiche ist über 100 Jahre alt und bietet zahlreichen Tierarten einen Lebensraum. Zudem ist sie für die Stabilität des flachgründigen, geneigten Bodens mitverantwortlich. Nicht zuletzt bietet sie einen schönen Anblick und kann in der Lehre als Paradebeispiel verwendet werden (z. B. auf einer Exkursion mit Schülern).

Abb. 7-4: Herrliche alte Ulmengruppe auf der Blauenweide (Foto: Marius Menz, Juli 1998)

[Kommentar: siehe Abbildung 7-3]

Vorige Seite:

Abb. 7-5: Neue Siedlungen verdrängen zunehmend die Obstwirtschaft in Nenzlingen (Foto: Marius Menz, April 1998)

Dies ist ein verbreitetes Phänomen. Immerhin fallen ihm im Untersuchungsgebiet Blauen fast ausschliesslich die Ackerbaugebiete in Dorfnähe zum Opfer, während die ökologisch wertvollen Weiden (im Bildhintergrund) mit ihren Trockenrasen – welche durch ihre starke Hangneigung nicht als Ackerland zu nutzen sind – in den letzten Jahrzehnten weitgehend erhalten blieben.

Die Bezeichnung der Geoökotope durch Risikofaktoren ermöglicht einen direkten Weg in den Landschaftsschutz. Doch auch Irrwege sind möglich: Ein Landwirt könnte der Frostgefährdung ausweichen, indem er einen erosionsgefährdeteren Hang aufsucht. Die Reliefform bringt es mit sich, dass wir Erosionsgefahr und Frostgefahr oft nicht an derselben Lokalität vorfinden, da sich erstere vor allem auf Hänge, letztere jedoch hauptsächlich auf Flachlagen und Mulden beschränkt.

Beeinträchtigungen der Natur (Bodenabtrag, Waldschäden etc.) und solche menschlicher Interessen (z. B. durch Frostschäden an der Ernte, Trinkwasserverschmutzung etc.) gehen meistens Hand-in-Hand. Ökologische Verfehlungen werden so früher oder später auch die ökonomischen Interessen des Menschen tangieren.

Abb. 7-6: Ackerbau bis fast ans Birsufer heran (Auengebiet bei Zwingen). Foto: Marius Menz, April 1998

Eine solche Bewirtschaftung ermöglicht den direkten Dünger- und Pestizideintrag ins Gewässer, da eine Pufferzone fehlt, und sollte deshalb vermieden werden.

Abb. 7-7: Eggfluhtunnel im Bau (Umfahrung Grellingen). Foto: Marius Menz, Juli 1998

Dies ist ein Beispiel eines grösseren Eingriffs in die Landschaft, obgleich die positiven Effekte für die lärmgeplagte Bevölkerung Grellingens nicht zu leugnen sind. Der Tunnel wurde inzwischen für den Verkehr freigegeben.

7.3 Ausblick

"Die Nutzungsmöglichkeiten und der Nutzerkreis der digitalen geoökologischen Karte sind dieselben wie schon bei der herkömmlichen GÖK" (H. LESER: 1988b). Geoökologische Karten finden eine sehr breit gefächerte Anwendung in der Forschung wie in der Praxis. Sie reichen von der Land- und Forstwirtschaft über Hydrologie, Klimatologie, Bodenkunde etc. bis hin zu Raumplanung, Raumbewertung und Landschaftsschutz.

Die Vorteile der digitalen Verfügbarkeit der Karten, allen voran die Aktualisierbarkeit, müssen von den Planungsstellen aber auch genutzt werden können, d. h. es muss die entsprechende Hardware und Software oder geeignete Schnittstellen sowie entsprechendes Fachwissen vorhanden sein. Diese Problematik mangelnder "Kompatibilität" zwischen Forschenden und Anwendern wurde schon in der Einleitung angeschnitten. Sie wird in den kommenden Jahren nur geringer werden, wenn daran gezielt gearbeitet wird. Im Gegensatz dazu darf davon ausgegangen werden, dass in Zukunft Modellierungen über grössere Gebiete mit immer höherer Auflösung immer kleinere Probleme bereiten werden.

Eine Alternative zu ökologischem Denken und Handeln gibt es nicht. Die landschaftsökologische Forschung versucht, ökologischen Planungen und Schutzmassnahmen einen naturwissenschaftlichen Hintergrund zu vermitteln. Nur über das Verständnis der "Landschaft" mit all ihren geographischen und anderen Begebenheiten, all ihren Prozessen und Stoffkreisläufen, können ökologisch sinnvolle Entscheidungen getroffen werden.

8. Zusammenfassung

8.1 Zusammenfassung

Die vorliegende Arbeit wurde als Grundlagenarbeit innerhalb der Forschungsgruppe Landschaftsanalyse der Abteilung Physiogeographie und Landschaftsökologie des Departements Geographie der Universität Basel initiiert. Schwerpunkte sollten die Entwicklung einer Methodik der geoökologischen Raumgliederung in topischer bis chorischer Dimension auf digitaler Basis sowie die Herstellung digitaler Karten für ein Testgebiet sein.

Im Rahmen der Arbeit wurden bestehende Daten verarbeitet, also keine Daten zusätzlich erhoben. Diese konnten aus früheren Feldaufnahmen übernommen werden. Ausserdem griff der Autor auf bestehende empirische Modelle (Bodenerosion nach BA LVL [R. MARKS et al. [Hrsg.]: 1992^2]; potentielle Einstrahlung nach A. MORGEN: 1957) zurück, erstellte aber auch eigene solcher Modelle (für die Kaltluftgefährdung und für die relative Bodenfeuchte).

Das Arbeitsgebiet umfasst im wesentlichen den Blauen-Südhang im Nordwestschweizer Faltenjura, ein etwa 20 km^2 grosses, in einer Höhenlage zwischen 300 m und 800 m ü. M. gelegenes Kalkgebiet.

Das Verfahren umfasst:

1. Import des Digitalen Höhenmodells (DHM 25) des Testgebietes in ein Geographisches Informationssystem (GIS). Als GIS wird die Software SPANS verwendet.

2. Digitalisieren des im Feld erhobenen Datenmaterials.

3. Detaillierte Reliefanalyse im GIS. Dabei werden Hangneigung, Exposition, Wölbungsformen sowie Grat- und Talbreiten und -tiefen errechnet.

4. Erstellung und Reklassifikation von Basiskarten einzelner Parameter, z. B. Bodenart, Bodentyp etc..
5. Modellierung von Prozessen und Erstellung sogenannter *geoökologischer Risikokarten*.
6. Verschnitt der Risikokarten zu kombinierten, prozessbasierten Geoökotopkarten.
7. Upscaling vom topischen in den chorischen Massstab – Erstellung anwendungsbezogener Mikrochorenkarten.
8. Vorbereitung der Karten für ihren Einsatz in Raumplanung und Landschaftsschutz. Das geschieht durch die Wahl geeigneter Klassen der kartierten Parameter sowie durch die Bereitstellung zusätzlicher Karten (z. B. Informationen zu Vegetation und Landnutzung).

Für die *Ausgliederung der Geoökotope* wurde schliesslich folgendes Vorgehen gewählt:

Verschnitt von insgesamt sechs Parametern aus den Prozessbereichen Stoffhaushalt, Lufthaushalt, Strahlungshaushalt und Wasserhaushalt. Als Parameter, *geoökologische Kenngrössen* genannt, wurden gewählt: Erosionsgefährdung, Kaltluft- bzw. Frostgefährdung, Versauerungsgefahr, (geringe) Bodenmächtigkeit, (mangelnde) potentielle Besonnung, relative Bodenfeuchte (Austrocknungsgefahr).

Zur *Bildung der Mikrochoren* wurden zwei Substratsklassen, pedoökologisch anfällige sowie klimaökologisch anfällige Gebiete miteinander verschnitten. Diese Auswahl erfolgte, weil der Substrattyp für chorisch relevant befunden wurde – er löst die lokal stark variierende Bodenfeuchte ab – und weil es naheliegend war, die bereits in topischer Dimension verwendeten Risikofaktoren Erosion, Austrocknung und Versauerung zu *pedoökologischen Risiken* zusammenzufassen, gleichzeitig Frost und Besonnungsmangel zu *klimaökologischen Risiken*. Ausserdem wurde eine auf Strukturgrössen basierende Mikrochorenkarte erstellt. Tabelle 8-1 fasst obige Schritte zusammen.

Dimension	Verwendete Parameter und Derivate
TOPISCH	– Feststoffhaushalt: Bodenabtrag ➜ Erosionsgefährdung ➜ sehr flachgründiger Boden – Nährstoffhaushalt: pH-Wert ➜ Versauerungsgefahr – Energiehaushalt: Potentielle Einstrahlung ➜ Besonnungsmangel – Wasserhaushalt: Relative Bodenfeuchte ➜ Austrocknungsgefahr – Lufthaushalt: Kaltluftströme ➜ Frostgefährdung
MIKROCHORISCH Prozessual (anwendungsspezifisch)	– Substrat (durchlässig/undurchlässig) – pedoökologisch problematisch ➜ Erosionsgefahr ➜ ungünstiger pH ➜ flachgründiger Boden – klimaökologisch anfällig ➜ Frostgefährdung ➜ Strahlungs- bzw. Wärmemangel
Strukturell (allgemein)	– Substrat (durchlässig/undurchlässig) – Hangneigung – Vegetation

Tab. 8-1: Methodik der Geoökotop-Ausgliederung in topischer und mikrochorischer Dimension

Die Tabelle zeigt die für die räumlichen Gliederungen verwendeten Parameter und deren Derivate. (Definitionen der einzelnen Parameter siehe Kapitel 4 und 5). Für die topische Dimension wird eine auf Risikofaktoren basierende, prozessorientierte Gliederung dargestellt. Für die mikrochorische Dimension wird sowohl eine prozessbasierte als auch eine auf Strukturgrössen beruhende Raumgliederung gezeigt.

Ergebnisse:

Die prozessbasierten Geoökotope lassen eine direkte Umsetzung in die Praxis zu. Das gründet sich auf die Überlegung, dass sie Hinweise auf eine sinnvolle Landnutzung geben können, indem sie beispielsweise direkt den zu erwartenden Bodenabtrag angeben und nicht bloss durch eine hohe Hangneigungsklasse auf eine etwaige Gefährdung hinweisen. Als geoökologische Risikokarten und daraus ableitbare Eignungs- und Bewertungskarten können sie der Agrar-, Forstwirtschaft und Raumplanung sofort als Basis für Problemlösungen dienen.

Die prozessbasierte Mikrochorenkarte hingegen wirkt sehr theoretisch und kaum direkt umsetzbar. Durch Kombination mit strukturell ausgegliederten Mikrochoren kann sie jedoch Raumbewertungen eine geeignete Grundlage bieten. Dem Ziel einer prozessorientierten Raumgliederung in kleineren Massstäben bleiben wir weiterhin fern. Der Grund dafür liegt darin, dass die Modellierung chorisch wirksamer Prozesse ausserordentlich schwierig ist, da sowohl der riesige Aufwand der dazu nötigen Datenerhebung als auch die anschliessende Datenverarbeitung kaum zu bewältigen sind.

Die in der vorliegenden Arbeit entwickelten Karten haben den Nachteil, dass sie nur zu einem Teil quantitative Aussagen liefern. Das beruht auf den zum Teil stark vereinfachten Modellierungen der sie aufbauenden Parameter. So wurden beispielsweise für die Modellierung der Kaltluftgefährdung aus Zeitgründen keine Messdaten erhoben. Die Qualität der entwickelten Karten ist stark von der Datenbasis (Quantität und Qualität der Felddaten) sowie dem im GIS betriebenen Aufwand abhängig.

In der vorliegenden Dissertation wurden die methodischen und praktischen Schwierigkeiten zu umgehen versucht, indem sogenannte Minimalkataloge (Tabellen 6-3 und 6-4) definiert und eingesetzt wurden. Dies sind Kataloge, welche die bei einer räumlichen Gliederung (in einer bestimmten Dimension) in jedem Fall zu berücksichtigenden Parameter vorschreiben. Sie werden verwendet, um Richtlinien für die räumliche Gliederung aufzustellen, damit schliesslich mehrere Gebiete – in der Regel von verschiedenen

Personen bearbeitet – miteinander verglichen werden können. Dieses Verfahren rechtfertigt sich vor allem aus zeitlichen und finanziellen Gründen. Ausserdem kann es auch von Praktikern ohne geoökologische Spezialausbildung eingesetzt werden.

8.2 Summary

The thesis "The Digital Geo-ecological Risk Map" focuses on scientific research necessary for the landscape analysis research group active within the Department of Geography at the University of Basle, Switzerland. The research group is embedded in the activities of the Subdepartment "Physical Geography and Landscape Ecology".

The aims of the thesis have been on the one hand to develop a methodology which enables geo-ecological regionalization on a digital basis and the other hand to produce digital maps of a test area. The main goal of this thesis has been to define geo-ecological units (so called *geo-ecotopes*) on the basis of process related parameters and their negative components (risks). The result is a geo-ecological risk map available at several scales. Susceptibility maps, suitability and more general ecological evaluation maps may be derived from the risk map.

Use has been made of available data, in other words, no further data was collected in the field. The author also made use of existing empirical models (soil erosion model [R. MARKS et al. [Hrsg.]: 1992^2] and potential irradiation model [A. MORGEN: 1957]). Where necessary, further models were generated (cold air flow model and soil humidity model).

The research area is situated to a great extent on the southern flanks of the Blauen in the north-western Jura folds (Faltenjura) of Switzerland. The approximately 20 km^2 lies in a lime area between 300 m to 800 m a.s.l.

The following steps have been taken during the thesis:

1. Importation of the digital elevation model for the test area at the scale of 1: 25 000 into a geographical information system (GIS). Used software: SPANS.

2. Digitization of the available field data.

3. Detailed relief analysis in GIS. From that the slopes, aspects, curvatures as well as width and depth of ridges and valleys were apparent.

4. Production and reclassification of basic maps for individual parameters as soil type etc..
5. Process modelling and the production of so called *geo-ecological risk maps*.
6. Overlay of the risk maps to produce combined process related geo-ecotope maps.
7. Upscaling maps from the topic to the choric scale – production of practice-orientated microchoric maps.
8. Preparation of the maps for application in landscape planning and land conservation. This happens by selection of appropriate parameter classes and by supply of additional maps (e.g. information on vegetation and land use).

The geo-ecotopes have been defined as follows:

A total of six parameters from the following process budgets were overlaid with one another: solid budget; air budget; radiation budget; water budget. The parameters themselves, also known as *geo-ecological reference units*, were: erosion risk; cold air risk respectively frost risk; acidification; (small) depth of soil; (deficient) potential irradiation; relative soil humidity (desiccation risk).

To produce microchoric units, two substratum classes were overlaid by areas with pedo-ecological susceptibilities and those with climato-ecological susceptibilities. This selection was made that way because the substratum is considered relevant in choric dimension. It replaces the relative soil humidity. And it was obvious to summarize the risk areas, that were used in topic dimension already, to two main groups: pedo-ecological risks (soil erosion; draught; acidification) and climato-ecological risks (frost; lack of potential irradiation). Furthermore, a microchoric map with basic structural features was produced. Tab. 8-2 summarises the steps mentioned above.

Scale	Used parameters and derivatives
TOPIC	– Solid balance: Soil loss ➔ risk of soil erosion ➔ small depth of soil – Nutrient balance: pH-value ➔ acidification of soil – Energy budget: potential irradiation ➔ lack of potential irradiation – Water balance: soil humidity ➔ risk of drought – Air balance: cold air flow ➔ risk of cold air (frost)
MICROCHORIC Process related (application-orientated)	– Substratum (permeable/impermeable) – pedo-ecological problems ➔ soil erosion ➔ acidification ➔ small depth of soil – climato-ecological problems ➔ risk of frost ➔ lack of irradiation (lack of heat)
Structural (generally)	– Substratum (permeable/impermeable) – Slope – Vegetation

Tab. 8-2: Factors applicable for the definition of geo-ecotopes in the topic and microchoric scale

The table shows the used parameters (definitions see chapters 4 and 5) for a process related regionalization in topic dimension and for two regionalizations in microchoric dimension: a process related (i. e. application-orientated) and a structural one.

Results

Process related geo-ecotopes allow a direct implementation in the field. This is based on their ability to provide clues for a practical land use by estimating e.g. the soil loss for a certain area and not only by pointing out a steep slope. As risk maps or stress maps, they can serve immediate problem solving in agricultural management, agroforestry and landscape planning. Suitability or evaluation maps are easily derived from the above.

The process related microchoric maps on the other hand are very theoretical and hardly suitable for practical application. If combined with structural elements at the microchoric scale, the maps are a suitable basis for landscape evaluation. However, as the modelling of processes active at the choric scale proved to be very difficult – because of a huge amount of data to be collected and processed – the goal of carrying through a high resolution regionalization at a small scale remains unfulfilled.

The maps that have been produced have the negative aspect of only partially allowing quantitative interpretation. This is based on the more or less simplified parameters used in the models setting up the maps. For example, we could not gather climatological data for setting up our cold air model. The quality of the maps is strongly dependent on the quantity and the quality of the data base and the time invested in the GIS formatting.

With the help of minimalistic registers (Minimalkataloge) [Tab. 6-3 and 6-4], this thesis has aimed at a simple and easy-to-use method of establishing spatial units during geo-ecological mapping. Minimalistic registers prescribe what parameters have to be considered for the regionalization in a certain scale. The use of these registers is necessary to make geo-ecological regionalization comparable between several regions. Such registers also enable people without a degree in landscape ecology doing geo-ecological regionalization. Furthermore they are essential for lack of time and money to carry out field work on a large scale.

9. Literaturverzeichnis

ADAM, K., 1988: Stadtökologie in Stichworten. – Hirts Stichwortbücher, 180 S.

ARBEITSGRUPPE BODENKUNDE, ³1982: Bodenkundliche Kartieranleitung. – Hannover, 331 S.

BAILEY, R. G., S. C. ZOLTAI & E. B. WIKEN, 1985: Ecological Regionalization in Canada and the United States. – In: Geoforum, 16/3, 265-275.

BARSCH, D. & R. MÄUSBACHER, 1979: Geomorphological and Ecological Mapping. – In: GeoJournal, 3.4, 361-370.

BARSCH, D. & G. RICHTER, 1982: Erdwissenschaftliche Kartenwerke als Grundlage einer Erfassung des Naturraumpotentials. – In: Forschungen zur deutschen Landeskunde, Bd. 220, 7-9.

BAUER, H.-J., 1977: Zur Methodik der ökologischen Wertanalyse. – In: Landschaft und Stadt, 9, 31-43.

BAUER, H.-J., 1978: Landschaftsplanung und Naturschutz als angewandte Landschaftsökologie am Beispiel Nordrhein-Westfalens. – In: Landschaft + Stadt, 10, 120-125.

BAUER, H.-J., 1988: Die Anforderungen der Praxis an die geoökologische Karte (GÖK) 25 und die abgeleiteten Karten des Leistungsvermögens des Landschaftshaushaltes. – In: Deutscher Geographentag, 46, 97-101.

BITTERLI, P., 1945: Geologie der Blauen- und Landskronkette südlich von Basel. – Beiträge zur Geologischen Karte der Schweiz; Bern, 73 S.

BLASCHKE, T., 1997: Landschaftsanalyse und -bewertung mit GIS. Methodische Untersuchungen zu Ökosystemforschung und Naturschutz am Beispiel der bayerischen Salzachauen. – Forschungen zur deutschen Landeskunde, Bd. 243, 320 S.

BLUME, H.-P., ²1992: Handbuch des Bodenschutzes. 794 S.

BONO, R., 1986: Geoökologische Untersuchungen zur Naturraumgliederung und Regenwurmfauna des Niederen und Hohen Sundgaus (Elsass, Frankreich). – Physiogeographica, Basler Beiträge zur Physiogeographie, Bd. 8, 300 S.

COUSINS, S. H., 1993: Hierarchy in ecology: its relevance to landscape ecology and geographic information systems. – In:
HAINES-YOUNG, R., GREEN, D. R. & S. H. COUSINS: Landscape and GIS, 75-86.

DETTLING, W., 1989: Die Genauigkeit geoökologischer Feldmethoden und die statistischen Fehler quantitativer Modelle. – Physiogeographica, Basler Beiträge zur Physiogeographie, Bd. 11, 140 S.

DIECKMANN, O., 1997: Gross- und mittelmassstäbige Naturraumkarten von Mecklenburg-Vorpommern. Zur Erfassung und Kennzeichnung von topischen und chorischen Naturraumeinheiten. – In: Greifswalder Geographische Arbeiten, 14, 87-100.

DLABW, 1996: Digitaler Landschaftsökologischer Atlas Baden-Württemberg 1: 200 000. – Fachhochschule Nürtingen, Institut für Angewandte Forschung. (Nur als CD-ROM erschienen).

DÖBELI, CH., (2000): Das hochalpine Geoökosystem der Gemmi (Walliser Alpen). Eine landschaftsökologische Charakterisierung und der Vergleich mit dem arktischen Gebiet am Liefdefjorden (Nordwest-Spitzbergen). – Physiogeographica, Basler Beiträge zur Physiogeographie, Bd. 28, 193 S.

DOLLINGER, F., 1989: Landschaftsanalyse und Landschaftsbewertung. – Mitteilungen des Arbeitskreises für Regionalforschung, Sonderbd. 2, 105 S.

DOLLINGER, F., 1997: Zur Anwendung der Theorie der geographischen Dimensionen in der Raumplanung mittels Geographischer Informationstechnologie. – In:
DOLLINGER, F. & J. STROBL [HRSG.]: Angewandte Geographische Informationstechnologie IX, Salzburg.

DRÄYER, D., 1996: GIS-gestützte Bodenerosionsmodellierung im Nordwestschweizerischen Tafeljura – Erosionsschadenskartierungen und Modellergebnisse. – Physiogeographica, Basler Beiträge zur Physiogeographie, Bd. 22, 234 S. und Kartenband.

DUTTMANN, R., 1993: Prozessorientierte Landschaftsanalyse mit dem geoökologischen Informationssystem GOEKIS (in: Geosynthesis, Heft 4).

DUTTMANN, R. & T. MOSIMANN, 1994: Die ökologische Bewertung und dynamische Modellierung von Teilfunktionen und -prozessen des Landschaftshaushaltes – Anwendungen und Perspektiven eines geoökologischen Informationssystems in der Praxis. – In: Petermanns Geogr. Mitteilungen, 138, 3-17.

EHLERS, M., 1996: Fernerkundung und GIS bei Umweltmonitoring und Umweltmanagement. – In: Geoprocessing Reihe, 31, 7-12.

ELLENBERG, H., 1973: Ziele und Stand der Ökosystemforschung. – In: ELLENBERG, H. [Hrsg.], Ökosystemforschung, (1973), 235-265.

ELLENBERG, H., ^{5}1996: Vegetation Mitteleuropas mit den Alpen in ökologischer, dynamischer und historischer Sicht. – Stuttgart, 1095 S.

FEHRENBACH, U., 1999: Analyse und Bewertung lokal- und regionalklimatisch wirksamer Faktoren in der Region Basel. – Dissertation an der Philosophisch-Naturwissenschaftlichen Fakultät der Universität Basel. 211 S.

FINKE, L., ^{3}1996: Landschaftsökologie. – Das Geographische Seminar, 245 S.

FORMAN, R.T.T. & M. GODRON, 1986: Landscape Ecology. 620 S.

FRICKER, S., 1992: Waldökotopbewertung im Feilenforst in Geisenfeld (Hallertau) mit Hilfe eines GIS, und deren Bedeutung für die Landschaftsplanung. – Diplomarbeit am Geographischen Institut der Universität Basel (unveröffentlicht).

FRÖHLICH, J., D. DRÄYER & M. HUBER, 1994: GIS-Methoden in der landschaftsökologischen Raumbewertung mit einem Beispiel zur Bestimmung der Bodenerosionsgefährdung. – In: Die Erde, 125, 1-13.

GALLUSSER, W. A. & P. KLÄGER, 1987: Geographischer Exkursionsführer der Region Basel.

GISI, U., 1990: Bodenökologie. – Thieme Taschenbücher, 304 S.

GLAWION, R. & H.-J. KLINK, 1988: Geoökologische Kartierung des Messtischblattes Bad Iburg unter Berücksichtigung des Konzeptes der GÖK 25. – In: Deutscher Geographentag, 46, 112-119.

GRAF, K., 1997: Wie Dolomite und Silikatgesteine den Nationalpark landschaftlich prägen. – In: Cratschla, Heft 2/97, 15-17. *(Basis dieses Artikels bildet die gleichzeitig fertiggestellte GIS-gestützte Karte 1: 25 000 zur Geomorphologie des Nationalparks).*

GROB, M., 1985: Geoökologische Grundstruktur eines Gebietsausschnittes der Blauensüdseite. – Diplomarbeit am Geographischen Institut der Universität Basel (unveröffentlicht).

GRUNERT, J. & V. SCHMANKE, 1997: Hangstabilität im Südwesten Bonns. – In: Geographische Rundschau, Heft 10, 584-590.

HAASE, G., 1964: Landschaftsökologische Detailuntersuchung und naturräumliche Gliederung. – In: Petermanns Geogr. Mitteilungen, 1964, 8-30.

HAASE, G., 1973: Zur Ausgliederung von Raumeinheiten der chorischen und der regionischen Dimension, dargestellt an Beispielen aus der Bodengeographie. – In: Petermanns Geogr. Mitteilungen, 1973, 82-89.

HAASE, G., 1976: Die Arealstruktur chorischer Naturräume. – In: Petermanns Geogr. Mitteilungen, 1976, 130-135.

HAASE, G., 1978: Struktur und Gliederung der Pedosphäre in der regionischen Dimension. – In: Beiträge zur Geographie, Akademie der Wissenschaften der DDR, Institut für Geographie und Geoökologie Leipzig, Supplement-Bd. 29/3, 250 S. und Karten.

HAASE, G. U. A., 1991: Naturraumerkundung und Landnutzung. Geochorologische Verfahren zur Analyse, Kartierung und Bewertung von Naturräumen. – Beiträge zur Geographie, Institut für Geographie und Geoökologie Leipzig, Bd. 34/1, 373 S. und Kartenband.

HAASE, G., 1994: Ansätze und Verfahren der Landschaftsdiagnose. – In: Analyse und ökologische Bewertung der Landschaft, 32-37.

HAGGETT, P., ²1991: Geographie – Eine moderne Synthese. – Ulmer, Stuttgart, 768 S.

HAINES-YOUNG, R., D. R. GREEN & S. H. COUSINS, 1993: Landscape and GIS. London, New York, Philadelphia, 288 S.

HALLER, H.-P., 1995: Modellierung bodennaher Kaltluftprozesse im Rahmen der DGÖK 25 für das Blatt "Geisenfeld". – Diplomarbeit am Geographischen Institut der Universität Basel (unveröffentlicht).

HEEB, J., 1991: Haushaltsbeziehungen in Landschaftsökosystemen topischer Dimensionen in einer Elementarlandschaft des Schweizerischen Mittellandes. – Physiogeographica, Basler Beiträge zur Physiogeographie, Bd.14, 198 S.

HERZ, K., 1973: Beitrag zur Theorie der landschaftsanalytischen Massstabsbereiche. – In: Petermanns Geogr. Mitteilungen, 117 (1973), 91-96.

HOLTMEIER, F.-K., 1994: Physical geography in the view of the changing environment. – In: Fennia, 172, Helsinki, 105-109.

HOSANG, J., 1990: Probekartierung im Raum Kandern. – In: Regio Basiliensis, Basler Zeitschrift für Geographie, 31/1, 27-40.

HUBER, M., 1992a: Contour-to-DEM (Manuskript). – Geographisches Institut der Universität Basel.

HUBER, M., 1992b: Digitalisieren mit Spans und Tydig (Manuskript). – Geographisches Institut der Universität Basel.

HUBER, M., 1992c: Geomorphometrical Analysis of Digital Elevation Models. – In: First TYDAC European SPANS Users Conference, 129-136.

HUBER, M., 1995: The Digital Geo-ecological Map. Concepts, GIS methods and case studies. – Physiogeographica, Basler Beiträge zur Physiogeographie, Bd. 20, 144 S. und Karten.

HUGGETT, R. J., 1995: Geoecology – An Evolutionary Approach. 320 S.

HÜTTER, M., 1996: Der ökosystemare Stoffhaushalt unter dem Einfluss des Menschen – geoökologische Kartierung des Blattes Bad Iburg 1: 25 000. – In: Forschungen zur deutschen Landeskunde, Bd. 241, 197 S.

ISAČENKO, A. G., 1965: Die Grundlagen der Landschaftskunde und die physisch-geographische Gliederung. – Moskau; aus dem Russischen übersetzt von J. DRDOS, Hannover 1969, Institut für Landespflege und Naturschutz der Technischen Universität.

JÄGGI, M., 1995: *Temperatur-Daten:* Meteorologische Daten der Station Nenzlinger Weide. – MCR Lab, Geographisches Institut der Universität Basel (unveröffentlicht).

JÄGGI, M., (in Vorb.): Mikrometeorologische Bestimmung des Energiehaushaltes einer Magerwiese in komplexem Gelände. – Dissertation an der Philosophisch-Naturwissenschaftlichen Fakultät der Universität Basel.

KEMPEL-EGGENBERGER, C., (1999): Die Geoökologische Sensibilität eines Hochjura-Einzugsgebietes. – Dissertation an der Philosophisch-Naturwissenschaftlichen Fakultät der Universität Basel.

KIEMSTEDT, H., 1967: Zur Bewertung der Landschaft für die Erholung. – Beiträge zur Landespflege, Sonderheft 1, Stuttgart.

KIENHOLZ, H. & H. HAFNER, 1982: Mountain Hazard Mapping Project in Nepal: Zur "Map of Geomorphic Damages" und zur Konzeption der Labilitätsbeurteilung. – In: Materialien zur Physiogeographie, Basler Beiträge zur Physiogeographie, 4, 27-39.

KLUG, H. & R. LANG, 1983: Einführung in die Geosystemlehre. – 187 S.

LANDOLT, E., 1977: Ökologische Zeigerwerte zur Schweizer Flora. – Veröffentlichungen des Geobotanischen Institutes der ETH Zürich, Stiftung Rübel, 49, 208 S.

LESER, H., 1963: Karte der naturräumlichen Gliederung. In: ALTER, W. [Hrsg.]: Pfalzatlas. Speyer.

LESER, H., 1980a: Das Blatt Wehr der GMK 25: Probleme der Aufnahme und Überlegungen zur weiteren Auswertung. – In: Regio Basiliensis, Basler Zeitschrift für Geographie, XXI/1+2, 79-91.

LESER, H., 1980b: Ökosystemforschung und das Problem der Bestimmung des ökologischen Ausgleichspotentials. – In: Physiogeographica, Basler Beiträge zur Physiogeographie, 2, I-VIII.

LESER, H., 1980c: Probleme ökologischer Arbeiten in der topologischen Dimension. – In: Physiogeographica, Basler Beiträge zur Physiogeographie, 3, I-XIII.

LESER, H., 1980d: Geographie. Westermann Verlag, Braunschweig.

LESER, H., 1984a: Das neunte "Basler Geomethodische Colloquium": Umsatzmessungs- und Bilanzierungsprobleme bei topologischen Geoökosystemforschungen. – In: Geomethodica, 9, 5-29.

LESER, H., 1984b: Zum Ökologie-, Ökosystem- und Ökotopbegriff. – In: Natur und Landschaft, 59, 351-357.

LESER, H., 1986: Das elfte "Basler Geomethodische Colloquium": Methodische Probleme grossmassstäbiger geoökologischer Feldaufnahmen in Entwicklungsländern Afrikas. – In: Geomethodica, 11, 5-25.

LESER, H., 1987a: Das zwölfte "Basler Geomethodische Colloquium": Probleme des Einsatzes der Fernerkundung in der landschaftsökologischen Methodik. – In: Geomethodica, 12, 5-23.

LESER, H., 1987b: Geomorphologische Inhaltselemente in der Geoökologischen Karte 1: 25 000 (GÖK 25). – In: Zeitschrift für Geomorphologie, N.F., Suppl.-Bd. 66, 167-178.

LESER, H., 1987c: Geoökosystemforschung in der Basler Region. – In: Regio Basiliensis, Basler Zeitschrift für Geographie, XXVIII/3, 151-161.

LESER, H., 1988a: Das dreizehnte "Basler Geomethodische Colloquium": Massstabs- und Methodikprobleme geomorphologischer Auswertungskarten. – In: Geomethodica, 13, 5-24.

LESER, H., 1988b: Die GÖK 25. Konzept und Anwendungsperspektiven der Geoökologischen Karte 1: 25 000. – In: Geographische Rundschau, 40 (H.5), 33-37.

LESER, H., 1989: Zu Tendenzen in der Entwicklung geoökologischer Modelle. – In: Physiogeographica, Basler Beiträge zur Physiogeographie, 11, I-VII.

LESER, H., 1990: Methodische Überlegungen zum Problem geoökologischer Raumgliederungen. In: Alemannisches Jahrbuch 1989/90, 277-290.

LESER, H., 1991: Ökologie wozu ? Der graue Regenbogen oder Ökologie ohne Natur. 362 S.

LESER, H., 1994a: Das Biodiversitätsprojekt auf der Nenzlinger Weide. Interdisziplinäre Arbeit aus geoökologischer Sicht. – In: Regio Basiliensis, Basler Zeitschrift für Geographie, 35/2, 81-90.

LESER, H., 1994b: Zum Problem der Digitalen Geoökologischen Karte (DGÖK) und der Geographischen Informationssysteme (GIS) in der Geoökologie. – In: Physiogeographica, Basler Beiträge zur Physiogeographie, 20, X-XXI.

LESER, H., 1994c: Räumliche Vielfalt als methodische Hürde der Geo- und Biowissenschaften. – In: Potsdamer Geographische Forschungen, 9, 7-17.

LESER, H., 1995: Die Modellierung von Landschaftsökosystemen als methodisches Problem der Geoökologie. – In: Physiogeographica, Basler Beiträge zur Physiogeographie, 19, I-IX.

LESER, H., 1996: Modellierung in der Landschaftsökologie und Geographische Informationssysteme (GIS) als methodisches Problem. – In: Physiogeographica, Basler Beiträge zur Physiogeographie, 22, I-X.

LESER, H., [4]1997a: Landschaftsökologie. – UTB, Stuttgart, 644 S.

LESER, H., 1997b: Landschaftsökologische Forschungen in der Basler Region – In: Regio Basiliensis, 38/3, 175-185.

LESER, H., 1997c: Landschaftsökologie und Geoökologie. Ansätze, Probleme, Perspektiven. In:
MEURER, M. & T. K. BUTTSCHARDT: Geoökologie in Lehre, Forschung, Anwendung. Beiträge zum 1. Kongress für Geoökologie am 9. 11. 1996 an der Universität Karlsruhe (TH), Karlsruher Schriften zur Geographie und Geoökologie, Bd. 7, 1-12.

LESER, H. & C. KEMPEL-EGGENBERGER, 1997: Landschaftsökologie und Chaosforschung. – In: Chaos in der Wissenschaft. Nichtlineare Dynamik im interdisziplinären Gespräch. – Reihe MGU, Bd. 2, 184-210.

LESER, H. & H.-J. KLINK [Hrsg.], 1988: Handbuch und Kartieranleitung Geoökologische Karte 1 : 25'000 (KA GÖK 25). – Forschungen zur deutschen Landeskunde, Bd. 228, 349 S.

LESER, H. & G. STÄBLEIN, 1975: Geomorphologische Kartierung, Richtlinien zur Herstellung geomorphologischer Karten 1: 25 000.

LUDER, P., 1980: Das ökologische Ausgleichspotential der Landschaft. Untersuchungen zum Problem der empirischen Kennzeichnung von ökologischen Raumeinheiten. Beispiel Region Basel und Rhein-Neckar. – Physiogeographica, Basler Beiträge zur Physiogeographie, Bd. 2, 172 S.

MANNSFELD, K., 1994: Das Dimensionsproblem. – In:
BASTIAN, O. & K.-F. SCHREIBER [Hrsg.]: Analyse und ökologische Bewertung der Landschaft, 502 S., 45-49.

MARKS, R., 1988: Die Ausscheidung des Leistungsvermögens des Landschaftshaushaltes und ihre geoökologische Begründung. – In: Deutscher Geographentag, 46, 101-106.

MARKS, R., M. J. MÜLLER, H. LESER & H.-J. KLINK [Hrsg.], ²1992: Anleitung zur Bewertung des Leistungsvermögens des Landschaftshaushaltes (BA LVL). – Forschungen zur deutschen Landeskunde, Bd. 229, 222 S.

MARR, R. L., 1970: Geländeklimatische Untersuchung im Raum südlich von Basel. – Basler Beiträge zur Geographie, 12, 155 S.

MARXER, P., 1994: Entwicklung eines Kaltluftabflussmodells für GÖK-Aufnahmen mit Hilfe eines GIS, eines digitalen Höhenmodells sowie Fernerkundungsdaten (Ausschnitt Hochschwarzwald - Freiburger Bucht). – Diplomarbeit am Geographischen Institut der Universität Basel (unveröffentlicht).

MCR LAB, 1997: Klimaanalyse der Region Basel (KABA) – Klimaanalysekarte und Planungshinweiskarte des MCR LAB der Universität Basel.

MEIER, S., 1995: Abschätzung der Auswaschungsgefährdung über das Drainageleitungssystem unter Verwendung von GIS-Methoden. Diplomarbeit am Geographischen Institut der Universität Basel (unveröffentlicht).

MENZ, M., 1993a: Der Kaltluftsee bei Samedan – Raumzeitliche Untersuchungen. – Diplomarbeit am Geographischen Institut der Universität Zürich (unveröffentlicht).

MENZ, M., 1993b: Klima. – In: Heimatkunde Arlesheim, S. 28-32.

MENZ, M., 1999: Digitale Geoökologische Risikokarten – Räumliche Gliederung am Blauen-Südhang (Region Basel). – In: Regio Basiliensis, Basler Zeitschrift für Geographie, 40/3, 231-240.

MENZ, M. & C. KEMPEL-EGGENBERGER, 1999: Gegenüberstellung von Stoffflussmessungen nach dem Konzept der landschaftsökologischen Komplexanalyse mit einer GIS-basierten ökologischen Risikokarte in topischer bis mesochorischer Dimension im schweizerischen Jura. – In: STEINHARDT, U. & M. VOLK [Hrsg.], Regionalisierung in der Landschaftsökologie, S. 109-121, Umweltforschungszentrum Leipzig-Halle.

MENZ, M., (in Vorb.): Sheffield's Greenspace – A Stocksbridge case study.

MORGEN, A., 1957: Die Besonnung und ihre Verminderung durch Horizontbegrenzung. – Veröffentlichungen des meteorologischen und hydrologischen Dienstes der Deutschen Demokratischen Republik, Bd.12, 17 S.

MOSIMANN, T., 1978: Der Standort im landschaftlichen Ökosystem. Ein Regelkreis für den Strahlungs-, Wasser- und Nährstoffhaushalt als Forschungsansatz für die komplexe Standortanalyse in der topologischen Dimension. – In: Catena, 5, 351-364.

MOSIMANN, T., 1980: Boden, Wasser und Mikroklima in den Geosystemen der Löss-Sand-Mergel-Hochfläche des Bruderholzgebietes (Raum Basel). – Physiogeographica, Basler Beiträge zur Physiogeographie, Bd. 3, 267 S. und Kartenband.

MOSIMANN, T., 1984: Landschaftsökologische Komplexanalyse. – Wissenschaftliche Paperbacks, Wiesbaden, 116 S.

MOSIMANN, T., 1987: Das Konzept der Geoökologischen Karte 1: 25 000: Die kartierten und abgeleiteten Geoökosystemparameter und ihre Aggregierung zu Ökotoptypen. – In: Deutscher Geographentag, 46, 88-96.

MOSIMANN, T., 1990: Ökotope als elementare Prozesseinheiten der Landschaft. – In: Geosynthesis, Bd 1.

MOSIMANN, T. & R. DUTTMANN, 1992: Die digitale Geoökologische Karte als Ergebnis einer prozessorientierten Landschaftsanalyse am Beispiel der Nienburger Geest. – In: Beiträge zur deutschen Landeskunde, Bd. 66, 335-361.

MÜLLER, M. J., 1988: Die GÖK 25 als Komplexkarte – Darstellungskonzept und Darstellungsprobleme. – In: Deutscher Geographentag, 46, 107-111.

NAVEH, Z. & A. S. LIEBERMAN, ²1994: Landscape Ecology – Theorie and Application. – Springer, New York, I-XXVIII, 356 S.

NEEF, E., 1963: Topologische und chorologische Arbeitsweisen in der Landschaftsforschung. – In: Petermanns Geogr. Mitteilungen, 1963, 249-259.

NEEF, E., 1964: Zur grossmassstäbigen landschaftsökologischen Forschung. – In: Petermanns Geogr. Mitteilungen, 1964, 5-7.

NEEF, E., 1968: Der Physiotop als Zentralbegriff der Komplexen Physischen Geographie. – In: Petermanns Geogr. Mitteilungen, 1968, 15-23.

OBERDORFER, E., 1983: Pflanzensoziologische Exkursionsflora. – Stuttgart, 1051 S.

OGERMANN, P., (1999): – Biologische Bodenaktivität, Kohlenstoffumsatz und Nährstoffversorgung auf Magerrasenstandorten unterschiedlicher Vegetationszusammensetzung und Produktivität. – Physiogeographica, Basler Beiträge zur Physiogeographie, Bd. 27, 199 S.

OGERMANN, P., B. SPYCHER, D. SCHAUB & R. SOLLBERGER, 1994: Die Landschaftsstruktur im Raum Nenzlingen – geoökologisch gesehen. – In: Regio Basiliensis, Basler Zeitschrift für Geographie, 35/2, 91-100.

PAFFEN, H.-K., 1950: Zur Methodik der ökologischen Landschaftsgliederung. – In: Forsch. u. Sitzungsber. d. Akad. f. Raumforsch. u. Landespl. Hannover, Bd. 1, 15-19.

PAFFEN, H.-K., 1953: Die natürliche Landschaft und ihre räumliche Gliederung. Eine methodische Untersuchung am Beispiel der Mittel- und Niederrheinlande. – FDL, Bd. 68.

RENNERS, M., 1991: Geoökologische Raumgliederung der Bundesrepublik Deutschland. – Forschungen zur deutschen Landeskunde, Bd. 235.

RICHTER, H., 1967: Naturräumliche Ordnung. – In: Wiss. Abh., Geogr. Ges. DDR, 5, 129-160.

RICHTER, H., 1978: Eine naturräumliche Gliederung der DDR auf der Grundlage von Naturraumtypen (mit einer Karte 1: 500 000). – In: Beiträge zur Geographie, Akademie der Wissenschaften der DDR, Institut für Geographie und Geoökologie Leipzig, Bd. 29, 323-340 und Karte.

ROGGO VOEGELIN C., 1998: Biomassenabschätzung und Fernerkundung: eine Untersuchung im Nordwestschweizer Jura unter Berücksichtigung ausgewählter Klimaelemente. – Dissertation an der Philosophisch-Naturwissenschaftlichen Fakultät der Universität Basel.

ROLLI, S., 1996: Anwendung und Überprüfung der GIS-Reliefanalyse und des GIS-gestützten Bodenerosionsmodells im lössbedeckten unteren Feuerbacheinzugsgebiet (Südbaden/BRD). – Diplomarbeit am Geographischen Institut der Universität Basel (unveröffentlicht).

SCHMITHÜSEN, J., 1953: Grundsätzliches und Methodisches. – In: Handbuch der naturräumlichen Gliederung Deutschlands, Bd. 1, 1-44.

SCHMITHÜSEN, J., 1967: Naturräumliche Gliederung und landschaftsräumliche Gliederung. – In: Berichte zur deutschen Landeskunde, Bd. 39, 125-131.

SCHROEDER, D., [3]1978: Bodenkunde in Stichworten. – Hirts Stichwortbücher, 154 S.

SCHÜEPP, W., 1975: Das Reinacher Klima. – In: Reinach BL – Beiträge zur Heimatkunde einer jungen Stadt, S. 24-27.

SCHWERTMANN, U. u.a., 1981: Die Vorausschätzung des Bodenabtrags durch Wasser in Bayern. – Freising-Weihenstephan.

SOLLBERGER, R., 1982: Boden, Vegetation und Nährstoffhaushalt im Ökosystem des Blauensüdhangs am Faltenjura südlich von Basel. – Diplomarbeit am Geographischen Institut der Universität Basel (unveröffentlicht).

SPYCHER, B., 1998: Skalenabhängigkeit von Boden-Pflanze-Beziehungen und Stickstoffhaushalt auf einem Kalktrockenrasen im Laufener Jura (Region Basel). – Physiogeographica, Basler Beiträge zur Physiogeographie, Bd. 25, 126 S.

STEINHARDT, U. & M. VOLK, 1999: Probleme bei der Ableitung dimensionsspezifischer Parameter und Indikatoren für die mesoskalige Landschaftsbewertung. – In: Regionalisierung in der Landschaftsökologie, S. 129-138, Umweltforschungszentrum Leipzig-Halle.

STROBL, J., 1988: Reliefanalyse mit dem Computer. Anwendungsmöglichkeiten digitaler Geländemodelle in der Geographie. – In: Geographische Rundschau, 40 (H.5), 38-43.

TROLL, C., 1950: Die geographische Landschaft und ihre Erforschung. – In: Studium generale, III, 163-181.

TURNER, M. G. & R. H. GARDNER, 1991: Quantitative Methods in Landscape Ecology.

ULRICH, B., 1981: Ökologische Gruppierung von Böden nach ihrem chemischen Bodenzustand. – In: Zeitschrift Pflanzenernährung und Bodenkunde, 144, 289-305.

UNTERSEHER, E., 1997: Ingenieurökologie und Landschaftsmanagement in zwei Agrarlandschaften der Region Basel - Möhliner Feld (Hochrheintal / Schweiz) und Feuerbachtal (Markgräfler Hügelland / Deutschland). – Physiogeographica, Basler Beiträge zur Physiogeographie, Bd. 24, 297 S.

VENZKE, J.-F., 1992: Geoökologische Karte von Spiekeroog im Massstab 1: 25 000. – In: Ber. Naturhist. Ges. Hannover, 134, 161-172.

VINK, A. P. A., 1983: Landscape Ecology and Land Use.

WALTHER, C., 1996: Grossmassstäbige Methodik (Kartenauswertung – Bewertungsanleitung) zur Aufnahme von Formen und Prozessen des Kulturlandschaftswandels. Bsp. Nenzlingen und Les Breuleux (Nordwestschweizer Jura). – Diplomarbeit am Departement Geographie der Universität Basel (unveröffentlicht).

WILHELM, F., ²1993: Hydrogeographie. – Das Geographische Seminar, 227 S.

ZELLER, J., 1972: Beitrag zur Wildbachgeographie der Schweiz. – In: Berichte der Eidg. Anstalt für das forstliche Versuchswesen (EAFV) Nr. 94.

ZEPP, H. & S. STEIN, 1991: Zur Problematik geoökologischer Kartierung in intensiv genutzten Agrarlandschaften. – In: Geographische Zeitschrift, Jg. 79, Heft 2, 94-112.

ZONNEVELD, I. S., 1979: Land Evaluation and Landscape Science. – Enchede, The Netherlands.

Folgende am Geographischen Institut der Universität Basel durchgeführten Semesterarbeiten boten die Datengrundlage der vorliegenden Dissertation:

Geländepraktikum Nr. 86 (Frank, F., Winistörfer, D., 1980)
Geländepraktikum Nr. 88 (Nägelin, V., Vuilliomenet, D., Zinniker, U., 1980)
Geländepraktikum Nr. 90 (Aeby, D., Ernst, J., 1980)
Geländepraktikum Nr. 91 (Dobler, R., Süsstrunk, H., 1980)
Geländepraktikum Nr. 92 (Lutz, C., Misteli, U., 1980)
Geländepraktikum Nr. 93 (Blumer, J., Steffen, D., 1980)
Geländepraktikum Nr. 94 (Bäumler, E., Huber, M., 1980)
Geländepraktikum Nr. 103 (Bolsinger, M., Ernst, B.)
Geländepraktikum Nr. 104 (Berger, A., Egli, K., 1982)
Geländepraktikum Nr. 105 (Keller, D., Spang, S., 1982)
Geländepraktikum Nr. 106 (Hofstettler, T., Schweizer, V., 1982)
Geländepraktikum Nr. 107 (Meessen, H., Menting, G., 1982)
Geländepraktikum Nr. 108 (Kamber, K., Taylor, J., 1982)
Geländepraktikum Nr. 109 (Frommherz, C., Metzger, C., 1982)
Geländepraktikum Nr. 110 (Bitterli, P., Blattner, M., 1982)
Geländepraktikum Nr. 111 (Frischknecht, T., Messerschmied, M., 1982)

Curriculum Vitae

Personal Data

Name: Marius Menz
Date of birth: 10-Sep-1969
Place of birth: Basle (Switzerland)
Nationality: Swiss

Education

2000 - 2001:	Post doctoral research student at Landscape Department of the University of Sheffield, United Kingdom.
October 1999:	Doctor Diploma in Geography at the University of Basle, Switzerland.
1995 - 1999:	Ph.D. Student at the section "Physical Geography" of the Department of Geography of the University of Basle.
Apr - Sep 1998:	Assistant at the section "Human Geography" of the Department of Geography of the University of Basle.
October 1993:	Diploma (M. Sc.) in Geography at the University of Zurich, Switzerland.
1991 – 1993:	Teaching Assistant at the University of Zurich.
1988 - 1993:	Studies in Geography and Atmospheric Physics at the Department of Geography of the University of Zurich and at the Lab for Atmospheric Physics of the Swiss Federal Institute of Technology (ETH) of Zurich.
September 1988:	Matura (A-Level) at the Gymnasium (High School) of Münchenstein, BL, Switzerland.

Research Interests

Landscape ecology, digital mapping (GIS), climatology, (glacial-)geomorphology, urban geography, cartography.

Papers and Publications

Menz, M., 1993: Der Kaltluftsee bei Samedan im Oberengadin (Schweiz). Raumzeitliche Untersuchungen − Diplomarbeit am Geographischen Institut der Universität Zürich (unpublished).

Menz, M., 1993: Arlesheimer Klima. In: Heimatkunde Arlesheim.

Menz, M. & C. Kempel-Eggenberger, 1999: Gegenüberstellung von Stoffflussmessungen nach dem Konzept der landschaftsökologischen Komplexanalyse mit einer GIS-basierten ökologischen Risikokarte in topischer bis mesochorischer Dimension im schweizerischen Jura. − In:
STEINHARDT, U. & M. VOLK [Hrsg.], Regionalisierung in der Landschaftsökologie, S. 109-121, Umweltforschungszentrum Leipzig-Halle.

Menz, M., 1999: Digitale geoökologische Risikokarten − Räumliche Gliederung am Blauen-Südhang (Region Basel) − In: Regio Basiliensis, Basler Zeitschrift für Geographie, 40/3, 231-240.

Menz, M., (in print): Sheffield's Greenspace − A Stocksbridge case study.

The following lecturers took part in my academic education:

Beer, A.	Fitze, P.	Kishimoto, H.	Ramsey, J.
Bernoulli, D.	Fröhlich, K.	Kündig, W.	Reichert, D.
Blatter, H.	Furrer, G.	Landolt, E.	Richner, H.
Brassel, K.	Graf, K.	Lang, D.	Salm, B.
Burga, C.	Grebner, D.	Lehmann, A.	Shu, H.
Davies, H. C.	Gutermann, T.	Leser, H.	Storrer, H.-H.
Dietrich, V.	Häberli, V.	Lowrie, W.	Trommsdorff, V.
Dorigo, G.	Häberli, W.	Maisch, M.	Waldvogel, A.
Dunnett, N.	Haefner, H.	Nüesch, D.	Werlen, B.
Dürst, A.	Holzhauser, H.-P.	Ohmura, A.	
Elsasser, H.	Kirchhofer, W.	Parlow, E.	

BASLER BEITRÄGE ZUR PHYSIOGEOGRAPHIE

PHYSIOGEOGRAPHICA

Band 1 *R.-G. Schmidt*
Probleme der Erfassung und Quantifizierung von Ausmaß und Prozessen der aktuellen Bodenerosion (Abspülung) auf Ackerflächen. Methoden und ihre Anwendung in der Rheinschlinge zwischen Rheinfelden und Wallbach (Schweiz).
Basel 1979, 240 S. mit 36 Abbildungen, 1 Karte und 16 Tabellen   Fr. 14.-

Band 2 *P. Luder*
Das ökologische Ausgleichspotential der Landschaft, Untersuchungen zum Problem der empirischen Kennzeichnung von ökologischen Raumeinheiten, Beispiel Region Basel und Rhein-Neckar.
Basel 1980,172 S. mit 27 Abb., 9 Tab., 22 Karten und 2 Abb., im Kartenband vergriffen

Band 3 *Th. Mosimann*
Boden, Wasser und Mikroklima in den Geoökosystemen der Löß-Mergel-Hochflächen des Bruderholzgebietes (Raum Basel).
Basel 1980, 267 S. mit 45 Abbildungen, 23 Tabellen und 5 Karten   Fr. 24.-

Band 4 *H.R. Moser*
Die Niederschlagsverteilung und -struktur bei verschiedenen Wetterlagen in der Region Basel.
Basel 1984, 269 S. mit 30 Abbildungen, 39 Tabellen und 37 Karten   Fr. 29.-

Band 5 *W. Seiler*
Bodenwasser- und Nährstoffhaushalt unter Einfluß der rezenten Bodenerosion am Beispiel zweier Einzugsgebiete im Basler Tafeljura bei Rothenfluh und Anwil.
Basel 1983, 510 S. mit 129 Abbildungen, 143 Tabellen und 14 Karten   vergriffen

Band 6 *J. Rohrer*
Quantitative Bestimmung der Bodenerosion unter Berücksichtigung des Zusammenhanges Erosion-Nährstoff-Abfluss im Oberen Langete-Einzugsgebiet (Napfgebiet, südlich Huttwil).
Basel 1985, 242 S. mit 51 Abbildungen und 47 Tabellen   Fr. 29.-

Band 7 *Th. Mosimann*
Untersuchungen zur Funktion subarktischer und alpiner Geoökosysteme (Finnmark (Norwegen) und Schweizer Alpen).
Basel 1985, 488 S. mit 131 Abbildungen, 18 Tabellen und 8 Karten   vergriffen

Band 8 *R. Bono*
Geoökologische Untersuchungen zur Naturraumgliederung und Regenwurmfauna des Niederen und Hohen Sundgaus (Elsass, Frankreich).
Basel 1985, 300 S. mit 66 Abbildungen, 25 Tabellen und 8 Karten   Fr. 42.-

Band 9 *K. Herweg*
Bodenerosion und Bodenkonservierung in der Toscana, Italien (Testgebiet Roccatederighi, Provinz Grosseto).
Basel 1988, 175 S. mit 43 Abbildungen, 21 Tabellen, 4 Karten sowie 7 Karten
im Kartenband   Fr. 45.-

Band 10 *S. Vavruch*
Bodenerosion und ihre Wechselbeziehungen zu Wasser, Relief, Boden und Landwirtschaft in zwei Einzugsgebieten des Basler Tafeljura (Hemmiken, Rothenfluh).
Basel 1988, 338 S. mit 99 Abbildungen, 50 Tabellen und 8 Karten   Fr. 42.-

Karte 1

"Blauen-Südhang"
westschweizer Jura

Geographisches Institut der Universität Kiel

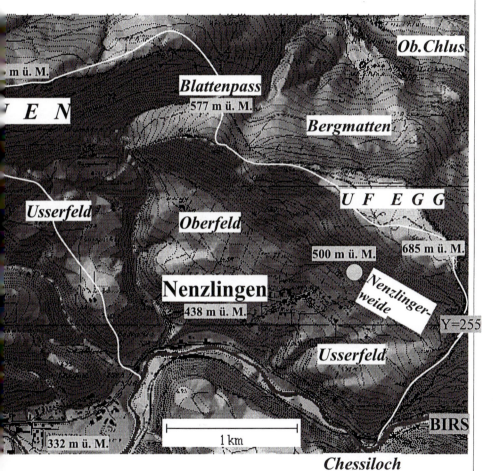

Blauen und Nenzlingen (v. l. n. r.)
EKLIP-Windmast

M. Menz 1998

Gebietsübersich[t]

Region Basel,

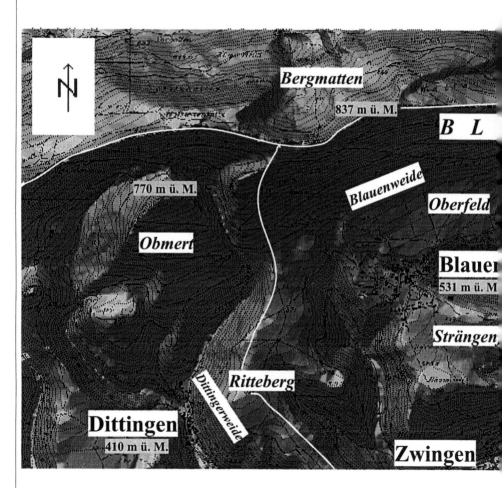

— (weiss) Grenzen der Teileinzugsgebiete Dittin[gen]
◉ Klimastation Nenzlingerweide

Karte 2

Meter über Meer)

Nordwestschweizer Jura

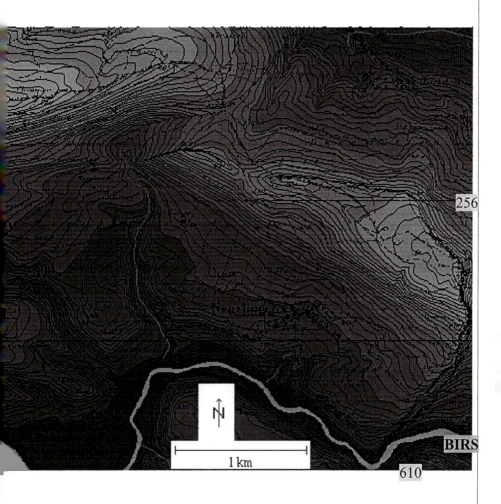

M. Menz 1998

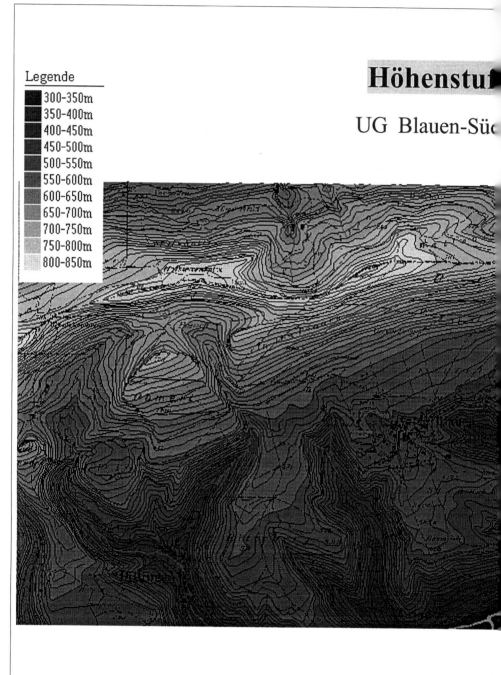

Karte 3

phische Einheiten

hang, Nordwestschweizer Jura

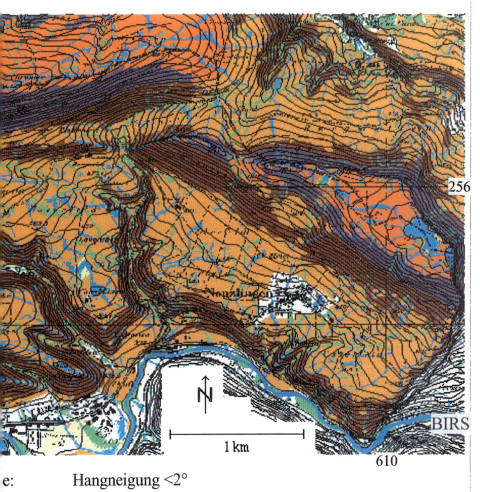

e: Hangneigung <2°
hang: Hangneigung 2 - 15°
hang: Hangneigung >15°

M. Menz 1998

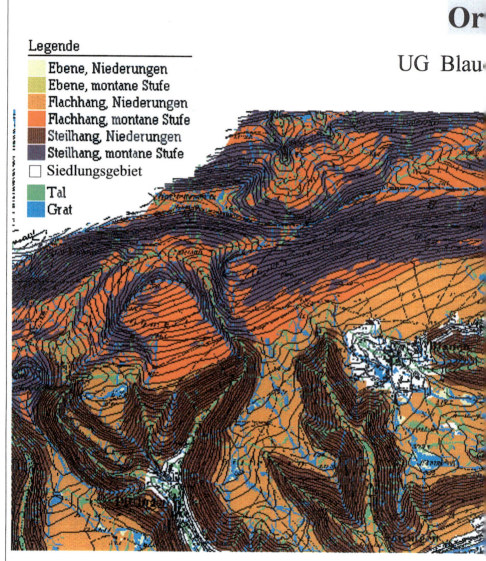

Legende

- Ebene, Niederungen
- Ebene, montane Stufe
- Flachhang, Niederungen
- Flachhang, montane Stufe
- Steilhang, Niederungen
- Steilhang, montane Stufe
- Siedlungsgebiet
- Tal
- Grat

Erläuterungen zur Legende: Niederungen: Höhe <600 m ü. M.
Montane Stufe: Höhe >600 m ü. M.

Karte 4

he Übersicht (nach Bitterli)

-Südhang, Nordwestschweizer Jura

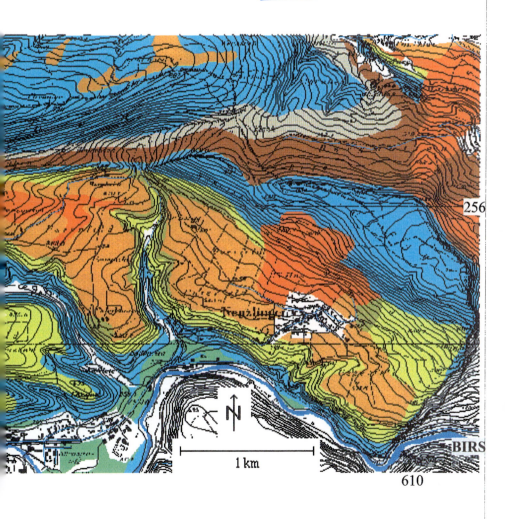

M. Menz 1998

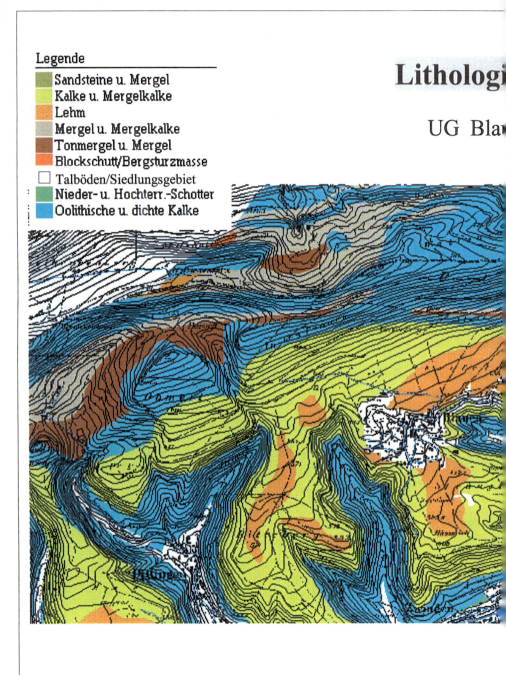

Karte 5

en nach KA GÖK 25)

Nordwestschweizer Jura

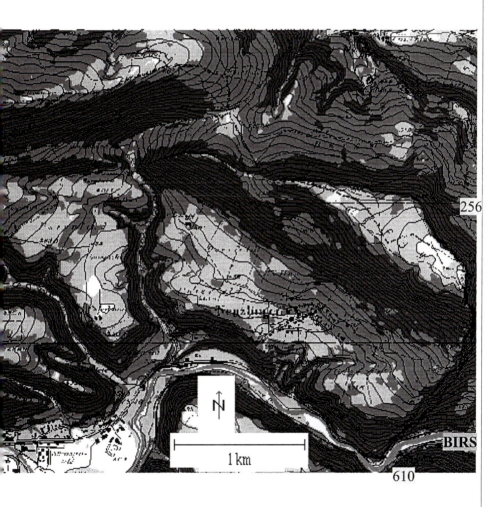

M. Menz 1998

Hangneigung (K

UG Blauen-Südh

Legende
- < 2 Grad
- 2 - 7 Grad
- 7 - 15 Grad
- \> 15 Grad

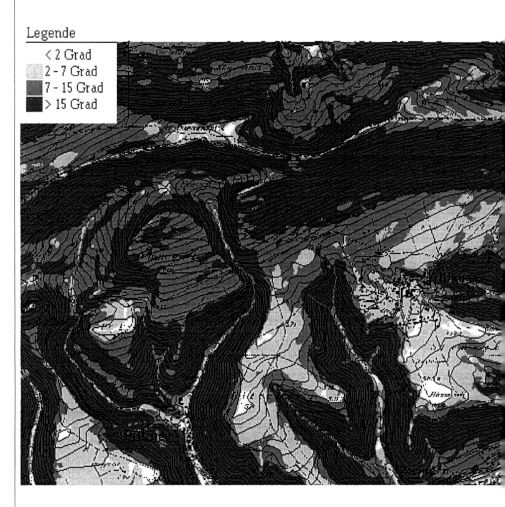

Karte 6

(30°-Sektoren)

g, Nordwestschweizer Jura

Geographisches Institut
der Universität Kiel

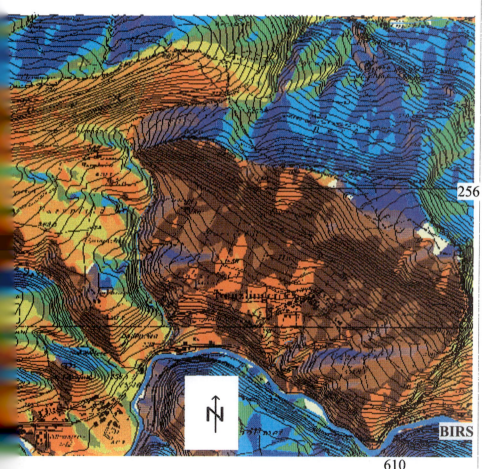

M. Menz 1998

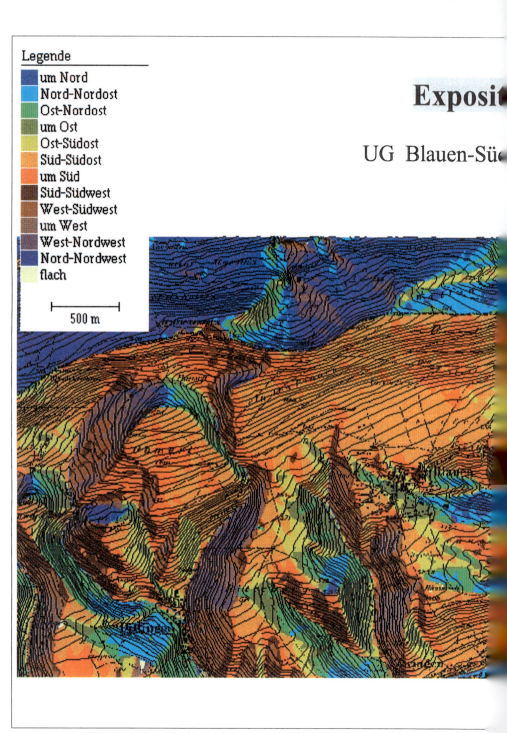

Karte 7

schweizer Jura

Tal- und Gratbreite

(Erläuterungen siehe Textband Kap. 4.1)

Geographisches Institut der Universität Kiel

N

Legende

- Talbreite < 50m
- Talbreite 50 - 100 m
- Talbreite 100 - 150 m
- Talbreite 150 - 200 m
- Talbreite 200 - 250 m
- Talbreite > 250 m

- Gratbreite < 50 m
- Gratbreite 50 - 100 m
- Gratbreite 100 - 150 m
- Gratbreite 150 - 200 m
- Gratbreite 200 - 250 m
- Gratbreite > 250 m

1 km

M. Menz 1998

UG Blauen-Südhang (Westteil), Nordv

Karte 8

Taltiefe und Grathöhe

(Erläuterungen siehe Textband Kap. 4.1)

Geographisches Institut
der Universität Kiel

Legende

- Taltiefe bis 10m
- Taltiefe 11–20m
- Taltiefe 21–30m
- Taltiefe 31–40m
- Taltiefe 41–50m
- Taltiefe 51–60m
- Taltiefe 61–70m
- Taltiefe 71–80m
- Grathöhe bis 10m
- Grathöhe 11–20m
- Grathöhe 21–30m
- Grathöhe 31–40m
- Grathöhe 41–50m
- Grathöhe 51–60m
- Grathöhe 61–70m
- Grathöhe 71–80m
- Grathöhe 81–90m

500 m

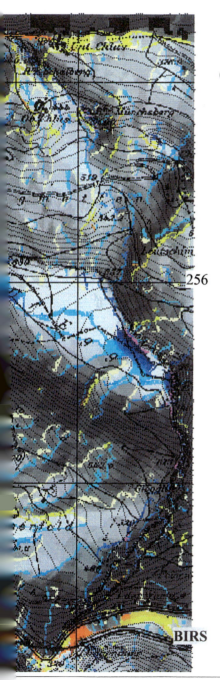

M. Menz 1998

UG Blauen-Südhang (Ostteil), Nordwest:

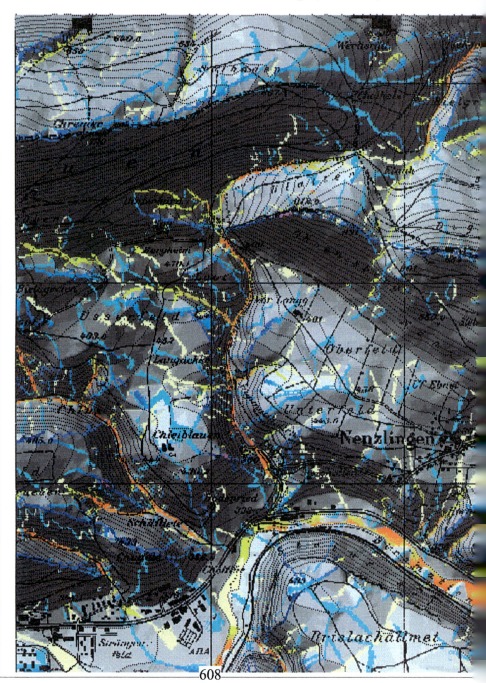

Karte 9

Legende

- R > 1200m konkav
- R > 600m konkav
- R > 300m konkav
- R > 150m konkav
- R > 75m konkav
- R > 50m konkav
- R > 25m konkav
- R > 12m konkav
- R > 6m konkav
- R > 3m konkav
- R < 3m konkav
- gestreckt

- R < 3m konvex
- R > 3m konvex
- R > 6m konvex
- R > 12m konvex
- R > 25m konvex
- R > 50m konvex
- R > 75m konvex
- R > 150m konvex
- R > 300m konvex
- R > 600m konvex
- R > 1200m konvex

(R = Wölbungsradius)

Geographisches Institut der Universität Kiel

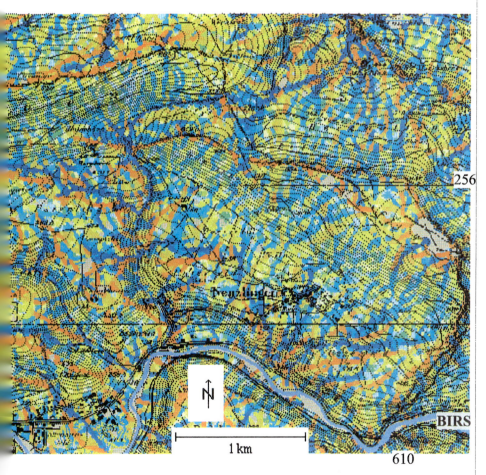

1 km

BIRS

M. Menz 1998

Reliefanalyse: Horizontale Kurvatu

(Siehe Textband Kap. 4.1)

UG Blauen-Südhang, Nordwestschweizer Jura

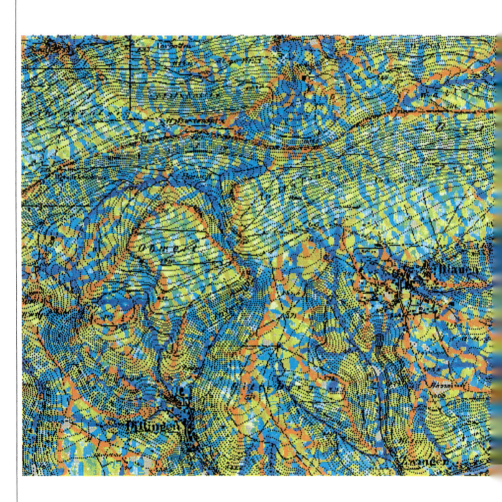

Karte 10

e: **Vertikale Kurvatur**

(e Textband Kap. 4.1)

ang, Nordwestschweizer Jura

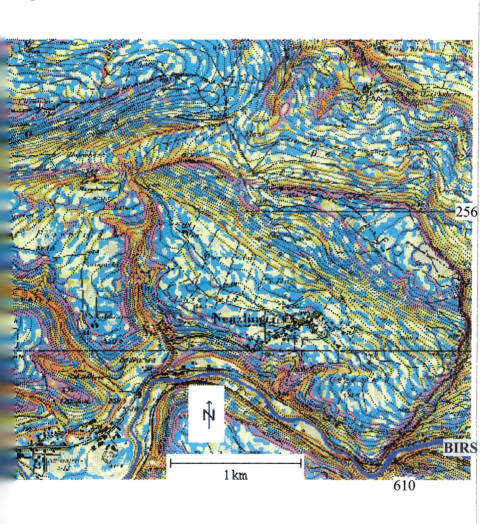

M. Menz 1998

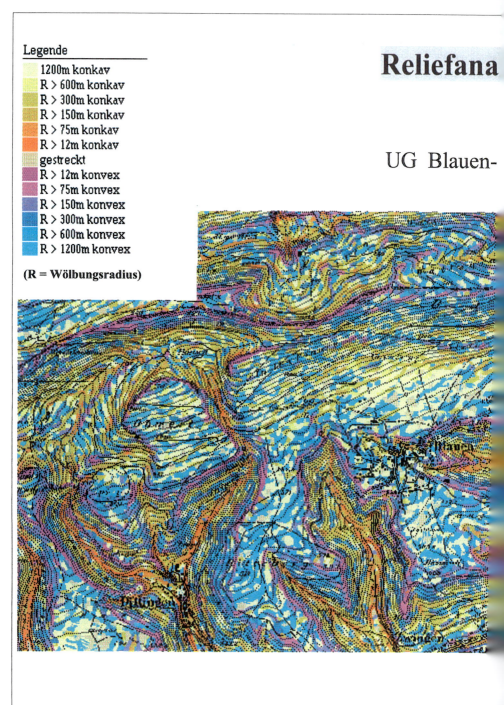

Karte 11a

UG Blauen-West

(Erläuterungen siehe Textband Kap. 4.1)

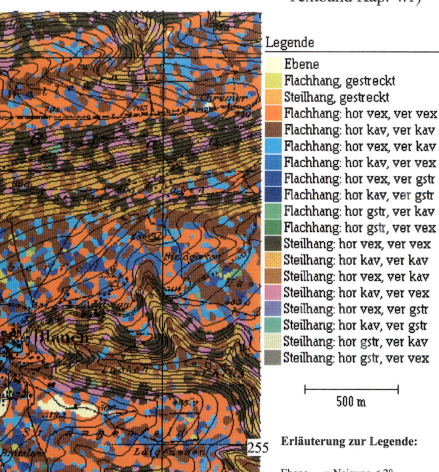

Legende

- Ebene
- Flachhang, gestreckt
- Steilhang, gestreckt
- Flachhang: hor vex, ver vex
- Flachhang: hor kav, ver kav
- Flachhang: hor vex, ver kav
- Flachhang: hor kav, ver vex
- Flachhang: hor vex, ver gstr
- Flachhang: hor kav, ver gstr
- Flachhang: hor gstr, ver kav
- Flachhang: hor gstr, ver vex
- Steilhang: hor vex, ver vex
- Steilhang: hor kav, ver kav
- Steilhang: hor vex, ver kav
- Steilhang: hor kav, ver vex
- Steilhang: hor vex, ver gstr
- Steilhang: hor kav, ver gstr
- Steilhang: hor gstr, ver kav
- Steilhang: hor gstr, ver vex

⊢―――――⊣
500 m

Erläuterung zur Legende:

Ebene	= Neigung < 2°
flach	= Neigung 2 - 15°
steil	= Neigung > 15°
hor	= horizontale Kurvatur
ver	= vertikale Kurvatur
gstr	= gestreckt (Kurvatur = 0)
vex	= konvex
kav	= konkav

M. Menz 1998

Reliefelemente unterschiedlicher Ne

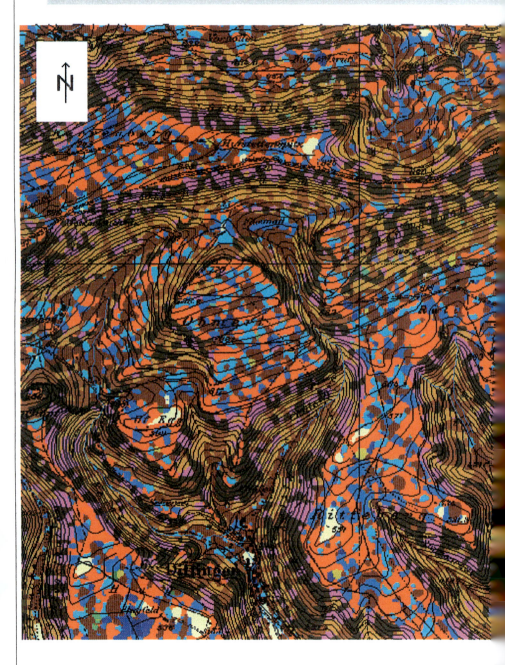

UG Blauen-Ost

Karte 11b

(Erläuterungen siehe Textband Kap. 4.1)

Legende

- Ebene
- Flachhang, gestreckt
- Steilhang, gestreckt
- Flachhang: hor vex, ver vex
- Flachhang: hor kav, ver kav
- Flachhang: hor vex, ver kav
- Flachhang: hor kav, ver vex
- Flachhang: hor vex, ver gstr
- Flachhang: hor kav, ver gstr
- Flachhang: hor gstr, ver kav
- Flachhang: hor gstr, ver vex
- Steilhang: hor vex, ver vex
- Steilhang: hor kav, ver kav
- Steilhang: hor vex, ver kav
- Steilhang: hor kav, ver vex
- Steilhang: hor vex, ver gstr
- Steilhang: hor kav, ver gstr
- Steilhang: hor gstr, ver kav
- Steilhang: hor gstr, ver vex

500 m

Erläuterung zur Legende:

Ebene	= Neigung < 2°
flach	= Neigung 2 - 15°
steil	= Neigung > 15°
hor	= horizontale Kurvatur
ver	= vertikale Kurvatur
gstr	= gestreckt (Kurvatur = 0)
vex	= konvex
kav	= konkav

M. Menz 1998

Reliefelemente unterschiedlicher Neig

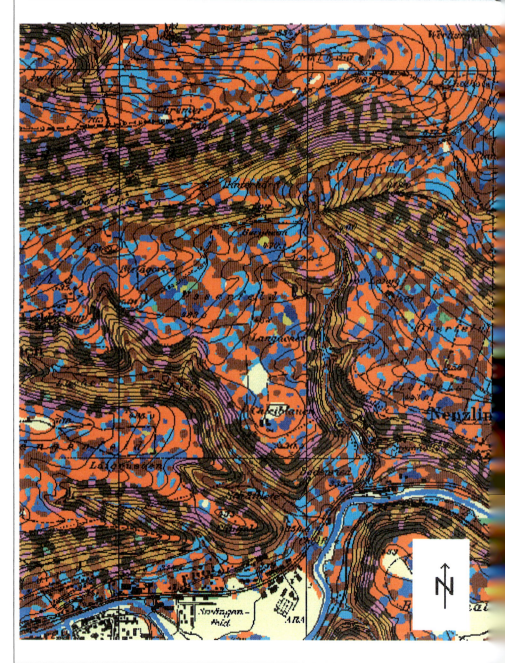

Wölbungsformen

siehe Textband Kap. 4.1)

g, Nordwestschweizer Jura

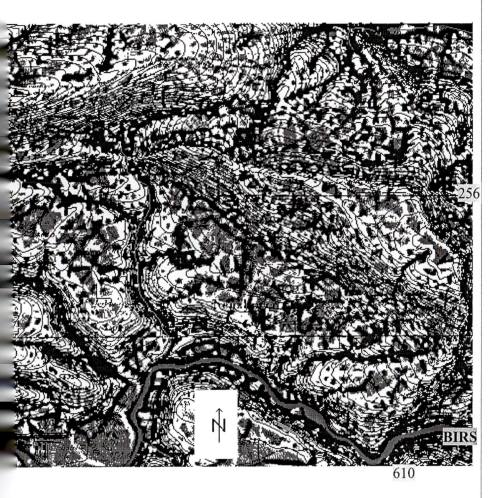

Karte 12

M. Menz 1998

Reliefanaly

(Erläuteru

UG Blauen-Sü

Legende
- konkaver Bereich
- gestreckter Bereich
- konvexer Bereich

|—————|
  500 m

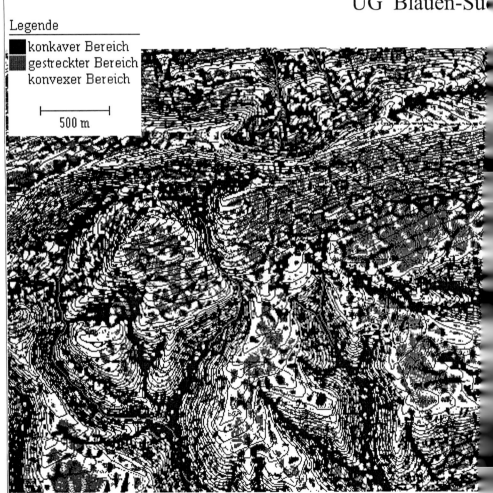

Karte 13

...kerung (nur reliefbedingt)

(...gen siehe Textband Kap. 4.1)

...hang, Nordwestschweizer Jura

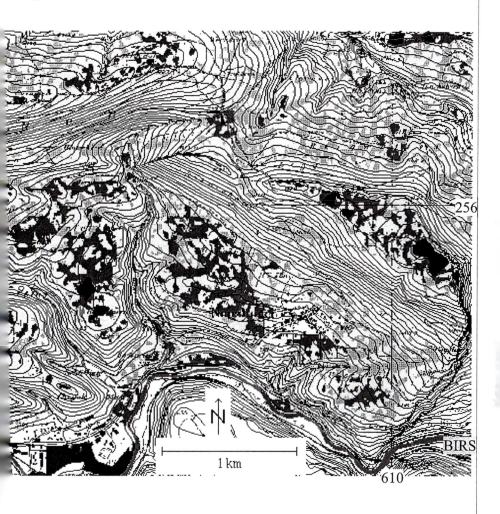

M. Menz 1998

Potentielle Ve

(Erläu

UG Blauen-

Legende
- ■ sehr hoch
- ■ hoch
- ▨ mässig
- gering
- sehr gering
- ☐ versiegelte Fläche
- keine Daten

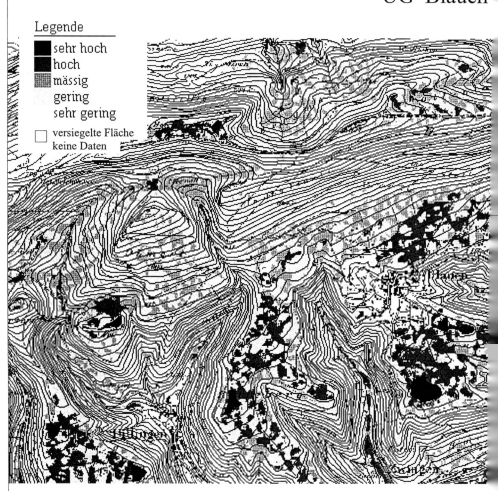

Karte 14

...lassen nach KA GÖK 25)

...üdhang, Nordwestschweizer Jura

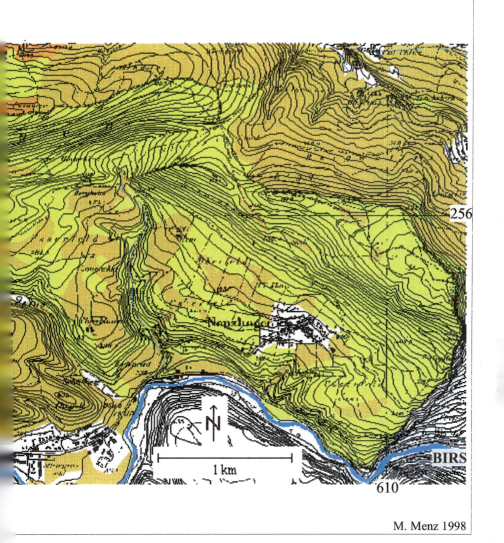

M. Menz 1998

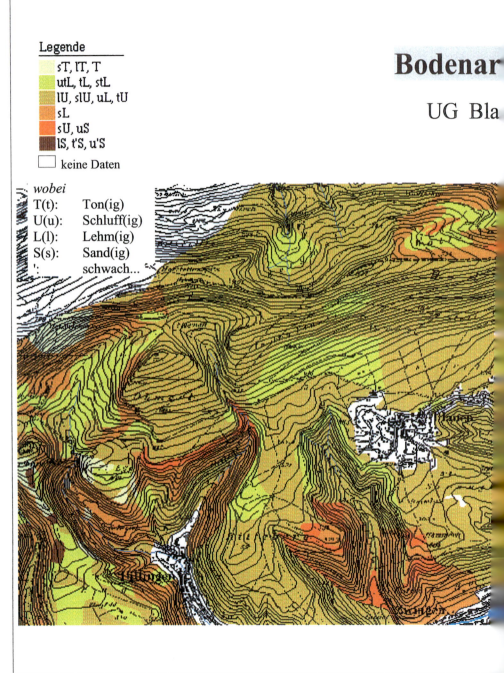

Karte 15

natik nach Dt. Bodenkundl. Ges.)

üdhang, Nordwestschweizer Jura

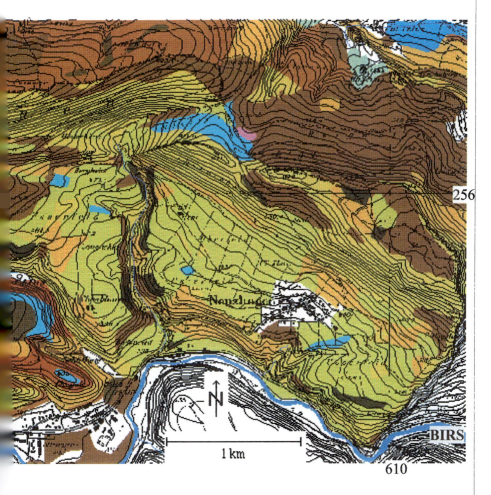

M. Menz 1998

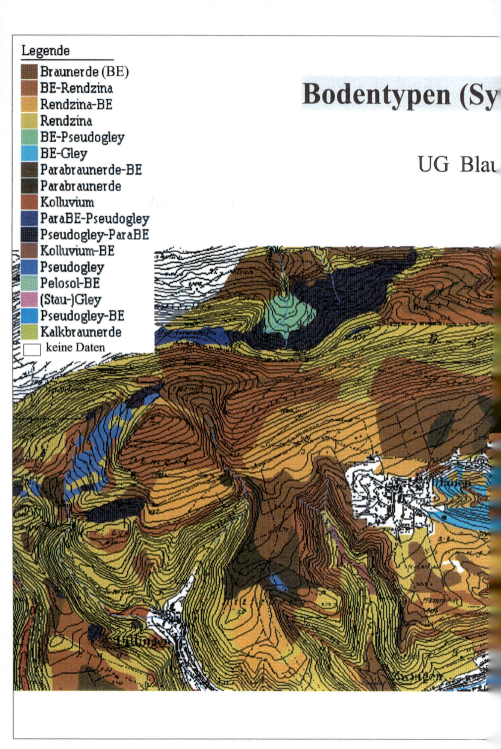

Karte 16

n (Klassen nach KA GÖK 25)

üdhang, Nordwestschweizer Jura

Geographisches Institut der Universität Kiel

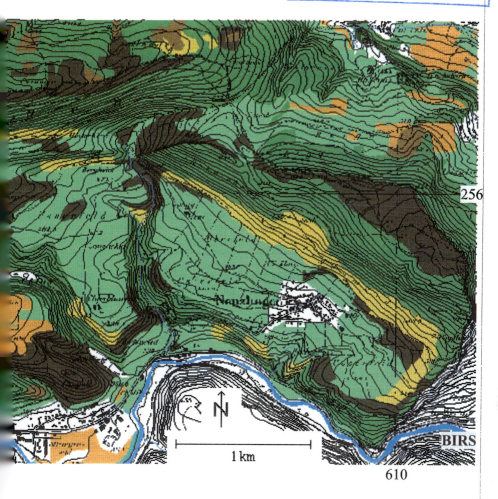

M. Menz 1998

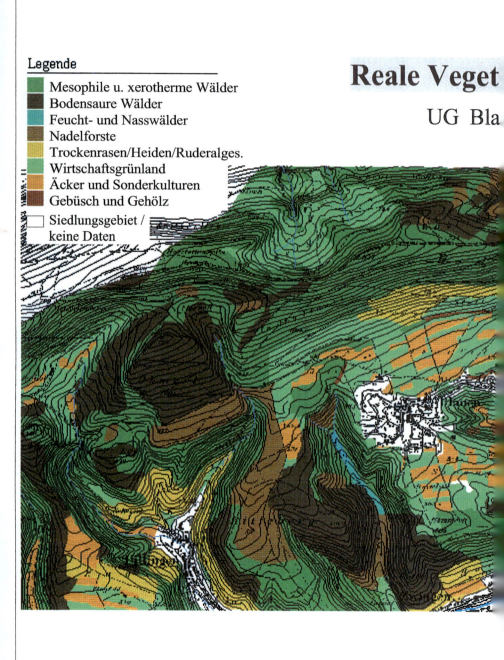

Karte 17a

m Oberboden

lwestschweizer Jura

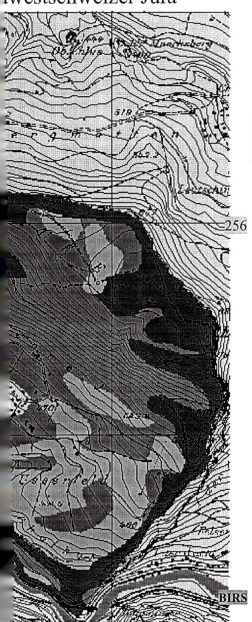

Legende

Organische Substanz
(= org. C * 1.72):

- 2-4% (humos)
- 4-8% (stark humos)
- 8-15% (sehr stark humos)
- >30% (Torf, Auflagehumus)

|—————| 500 m

M. Menz 1998

Humusgehalt (organische Substa[nz]

UG Blauen-Südhang: Teilgebiet "Nenzlingen",

Karte 17b

...dens (A- + B-Horizont)

Nordwestschweizer Jura

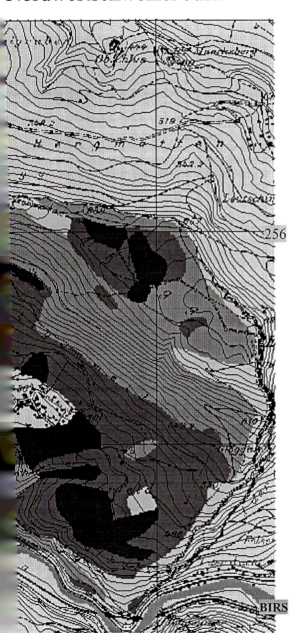

Legende
- >100cm (sehr tiefgründig)
- 60-100cm (tiefgründig)
- 30-60cm (mittelgründig)
- 15-30cm (flachgründig)

500 m

Geographisches Institut der Universität Kiel

M. Menz 1998

Pflanzenverfügbare Gründigkeit de[s]

UG Blauen-Südhang: Teilgebiet "Nenzling[en]"

Karte 18

eit: Geschätzter Bodenabtrag

; Erläuterungen siehe Textband, Kap. 4.5.1)

dhang, Nordwestschweizer Jura

Geographisches Institut
der Universität Kiel

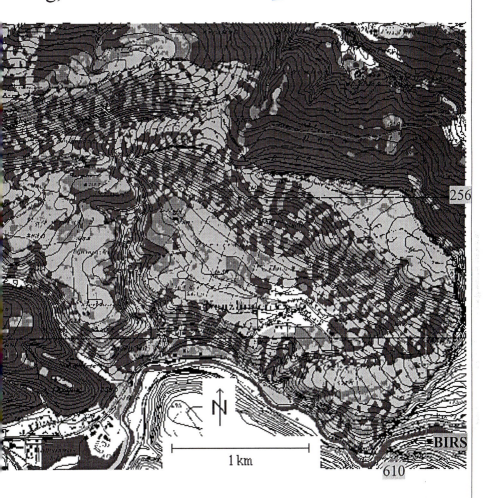

M. Menz 1998

Erosionsanfä

(Modell nach

UG Bla

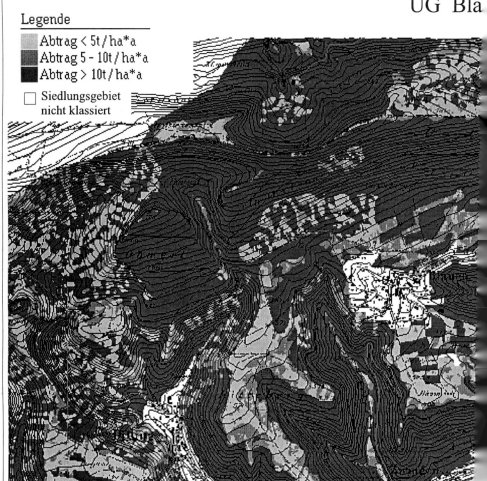

Legende
- Abtrag < 5 t / ha*a
- Abtrag 5 – 10 t / ha*a
- Abtrag > 10 t / ha*a
- Siedlungsgebiet nicht klassiert

Karte 19

igkeit für Früh- und Spätfröste

Textband, Kap. 4.5.2)

, Nordwestschweizer Jura

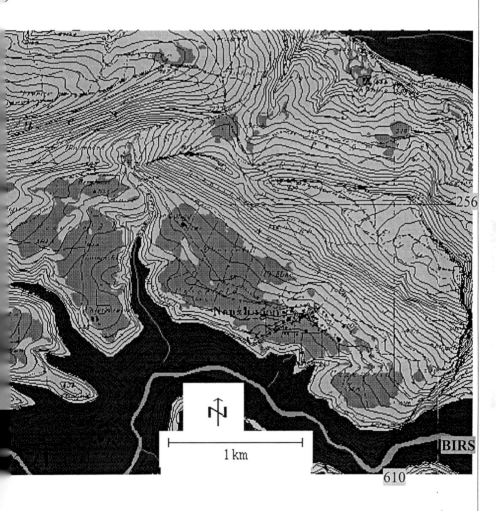

M. Menz 1998

Kaltluftgefährdung / A

(Mode

UG Blauen-Sü

Legende
- rel. gering
- mässig
- rel. gross

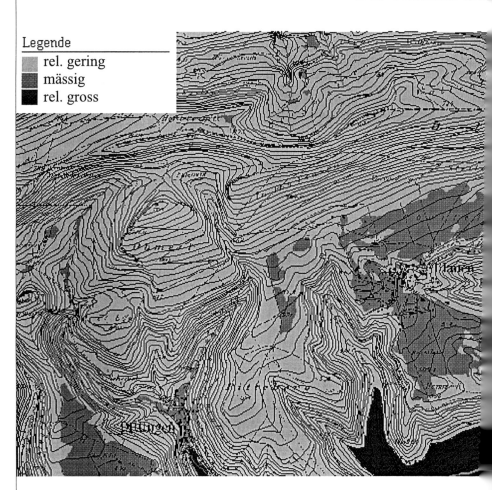

Karte 20

nung während der
April - November)

gen siehe Textband, Kap. 4.5.3)

Nordwestschweizer Jura

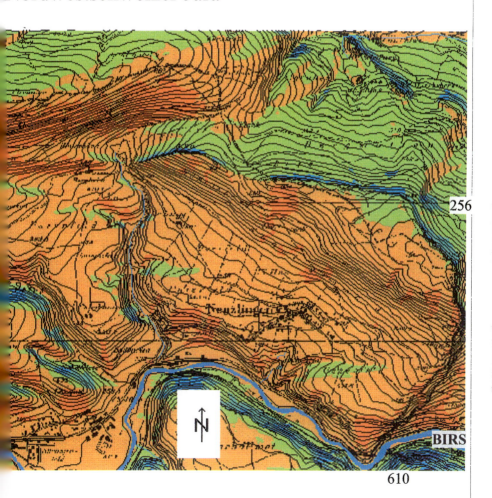

M. Menz 1998

Potentielle Be[...] Vegetationsz[...]

(nach A. Morgen; Erl[...]

UG Blauen-Süd

Legende
- < 30 kcal/cm2
- 30–44 kcal/cm2
- 45–59 kcal/cm2
- 60–74 kcal/cm2
- 75–89 kcal/cm2
- 90–104 kcal/cm2
- > 104 kcal/cm2

500 m

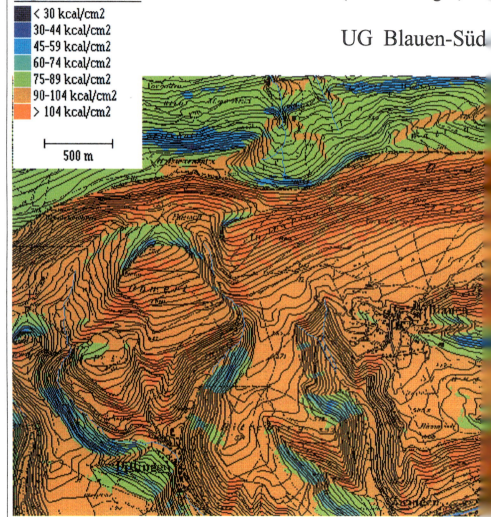

Karte 21

ve Bodenfeuchte

siehe Textband, Kap. 4.5.4)

lang, Nordwestschweizer Jura

M. Menz 1998

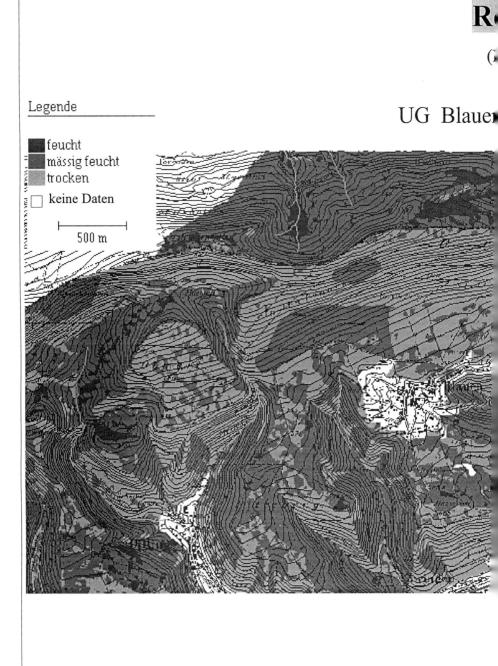

Legende

- feucht
- mässig feucht
- trocken
- keine Daten

500 m

UG Blaue

Karte 22

sen nach KA GÖK 25)

ng, Nordwestschweizer Jura

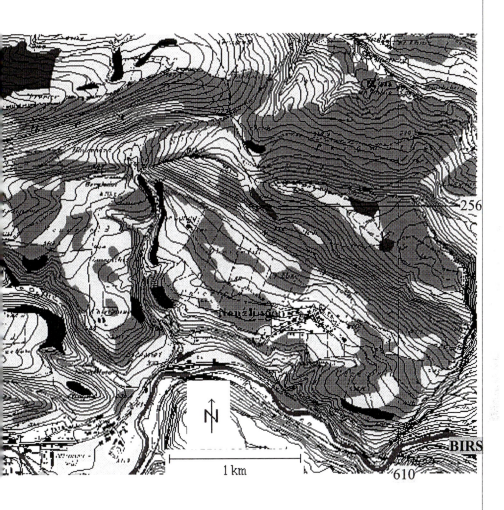

M. Menz 1998

pH-Werte (K

UG Blauen-Sü

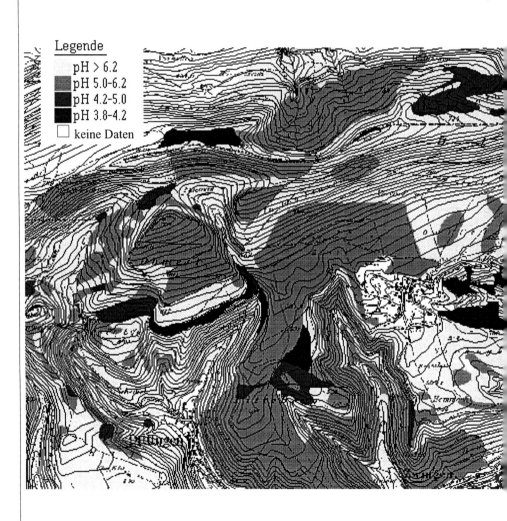

Karte 23

problematische Areale

ung / Gefahr der pH-Absenkung (Bodenversauerung)

ang, Nordwestschweizer Jura

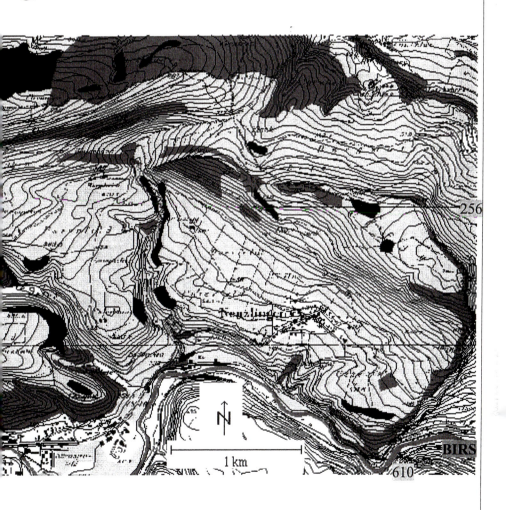

M. Menz 1998

Pedoökologis

Erschwerte maschinelle Bodenbea

UG Blauen-S

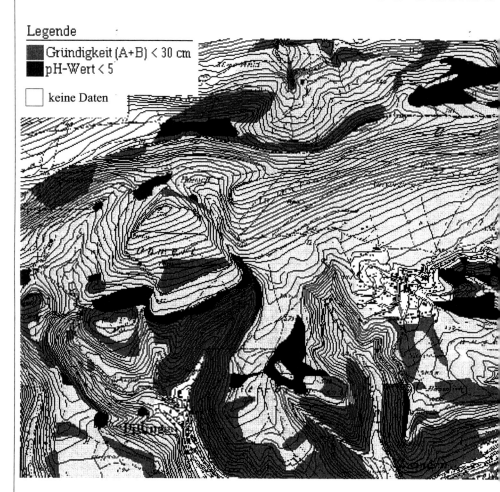

Legende
- Gründigkeit (A+B) < 30 cm
- pH-Wert < 5
- keine Daten

Karte 24a

Geoökotope (Blauen-West)

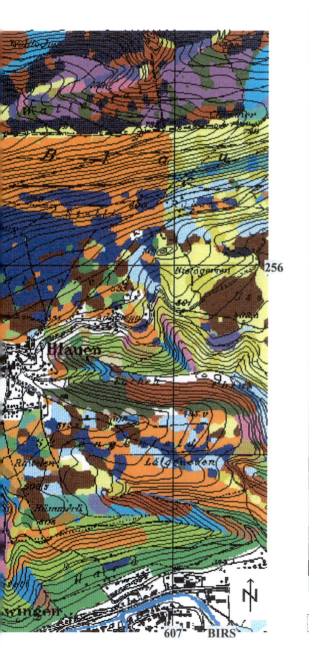

Legende

- Id
- EG
- EG, t
- EG, S
- FG
- EG, FG
- S, EG, fl
- EG, fl
- EG, FG, S
- EG, FG, t
- S
- fl
- t
- EG, fl, t
- EG, FG, fl, t
- FG, t
- EG, S, pH
- pH
- S, fl
- S, pH
- EG, pH
- EG, FG, fl
- EG, t, pH
- FG, S
- FG, fl
- t, fl
- EG, FG, S, fl
- EG, S, t
- t, pH
- EG, FG, t, pH
- EG, FG, S, pH
- FG, t, fl
- EG, FG, pH
- EG, S, t, pH
- FG, S, pH
- S, t
- keine Daten

M. Menz 1998

Digitale Geoökologische Risikokarte: Prozessbasie

Erläuterungen zur Legende:

Id = ökologisch "ideale" Verhältnisse
FG = rel. hohe Frostgefahr
EG = Erosionsgefahr (>10t Abtrag/ha*a)
pH = pH-Wert <5
t = rel. hohe Austrocknungsgefahr
fl = flachgründiger (<30cm) Boden
S = mangelnde Besonnung (<90kcal/cm^2) während der Vegetationszeit.

500 m

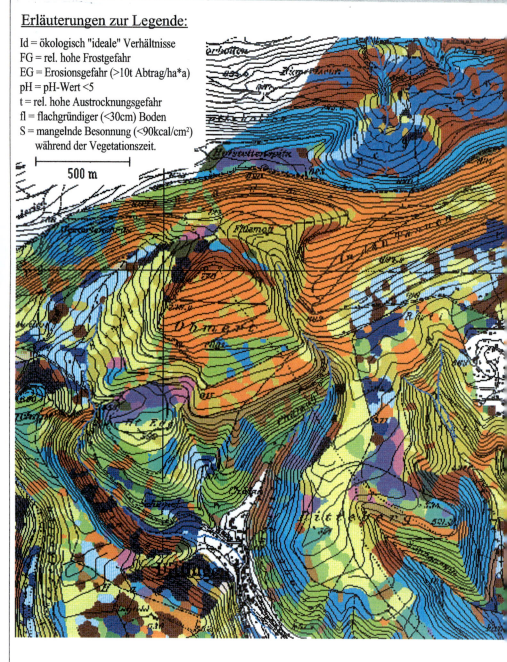

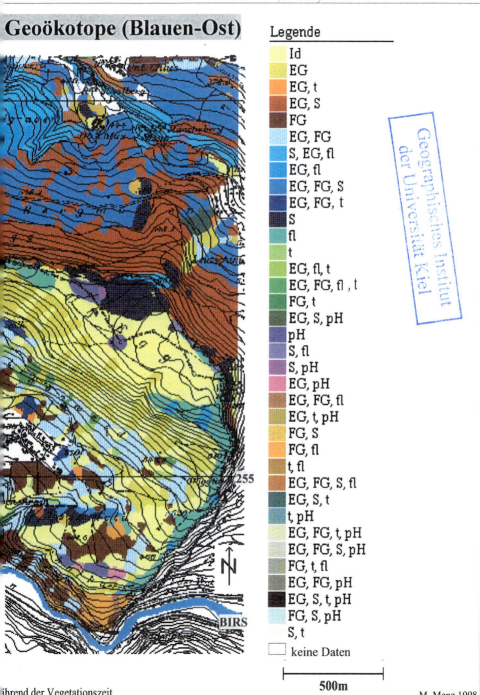

Digitale Geoökologische Risikokarte: Prozessbasie

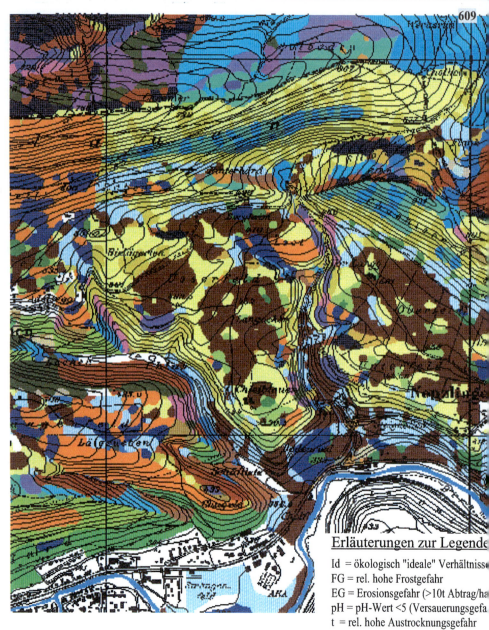

Erläuterungen zur Legende

Id = ökologisch "ideale" Verhältnisse
FG = rel. hohe Frostgefahr
EG = Erosionsgefahr (>10t Abtrag/ha
pH = pH-Wert <5 (Versauerungsgefa
t = rel. hohe Austrocknungsgefahr
fl = flachgründiger (<30cm) Boden
S = mangelnde Besonnung (< 90kcal

Karte 25

...lassen des Substrates
...d Karte 4 sowie nach P. Bitterli: 1945)

...ang, Nordwestschweizer Jura

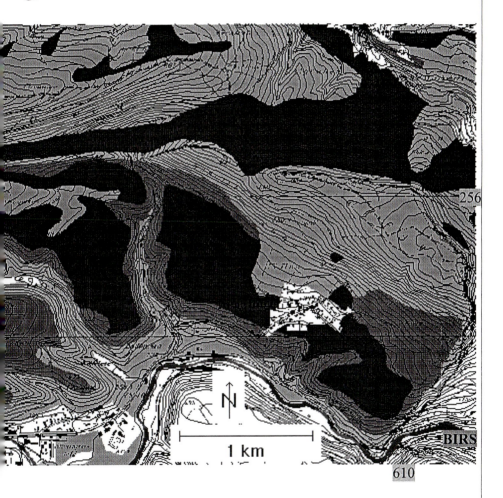

M. Menz 1998

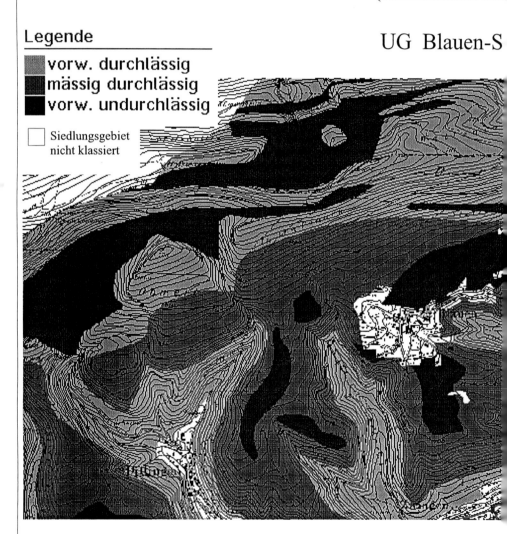

Karte 26

ochoren

schweizer Jura

Erläuterungen zur Legende:

- Sd = Substrat durchlässig
- Su = Substrat undurchlässig
- ideal = pedoökologisch und klimaökologisch begünstigt
- B = pedoökologisch anfällig
- K = klimaökologisch anfällig

(vgl. Textband Kap. 5.2)

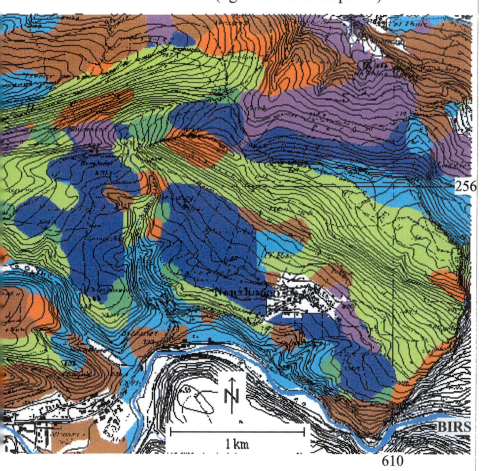

M. Menz 1998

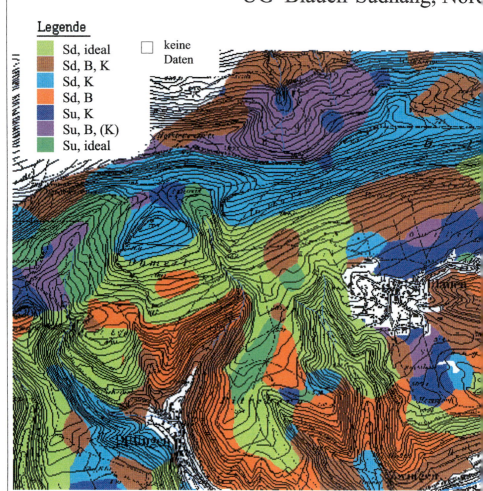

Karte 27

...egliederte Mikrochoren
...ng, Nordwestschweizer Jura

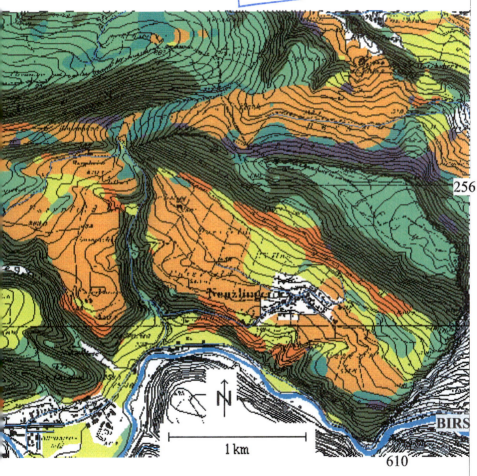

(...te 25)

M. Menz 1998

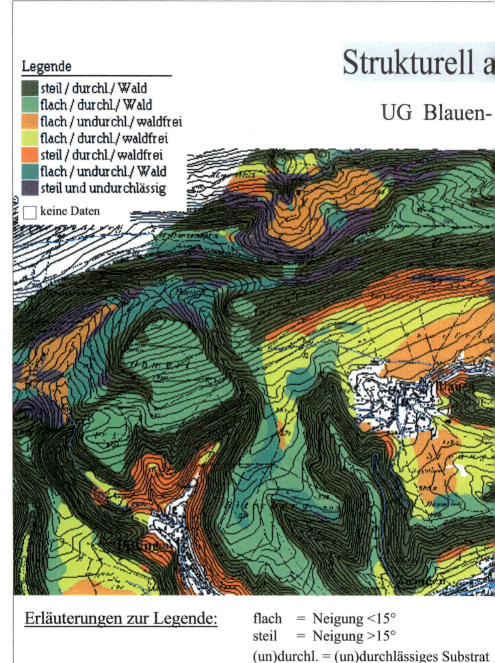

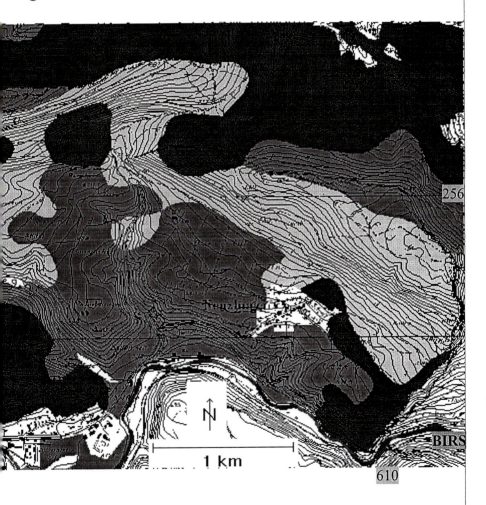

Karte 28

ren (risikobasiert)

(Textband Kap. 5.3)

Geographisches Institut
der Universität Kiel

hang, Nordwestschweizer Jura

M. Menz 1998

Me

UG Blaue

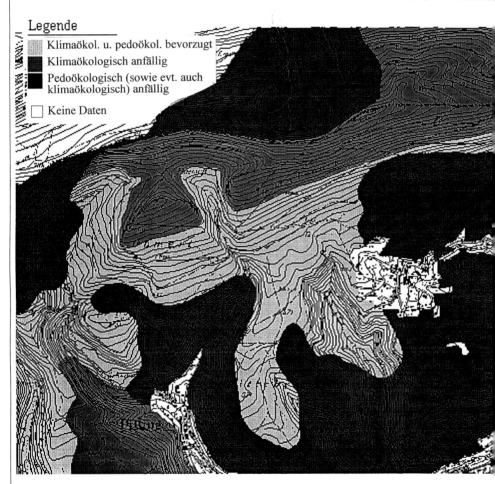

Legende
- Klimaökol. u. pedoökol. bevorzugt
- Klimaökologisch anfällig
- Pedoökologisch (sowie evt. auch klimaökologisch) anfällig
- Keine Daten

Karte 29

Ackerbau und Rebbau
chen Schutzzonen

(Textband Kap. 6.2, Bsp. 1 & 4)

ng, Nordwestschweizer Jura

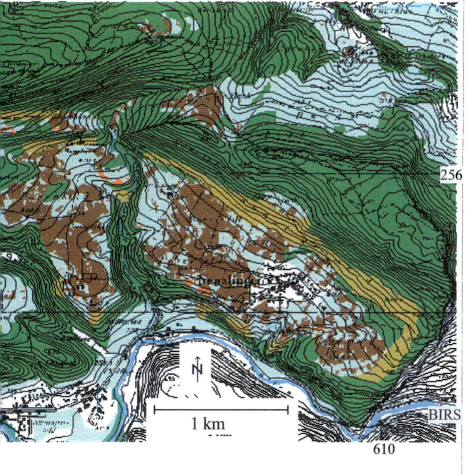

M. Menz 1998

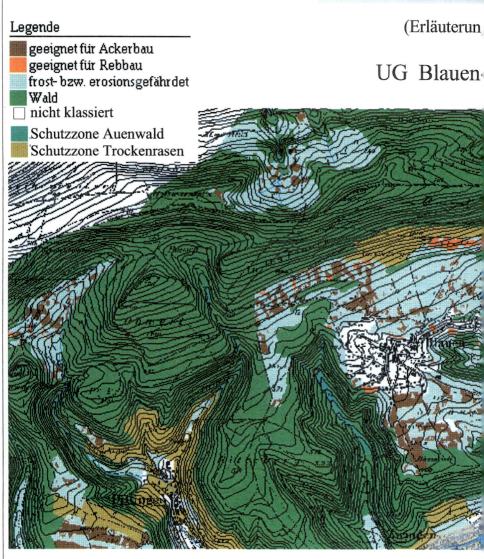

Eignungskar[te]
mit öko[...]

(Erläuterun[g]

UG Blauen

Legende
- geeignet für Ackerbau
- geeignet für Rebbau
- frost- bzw. erosionsgefährdet
- Wald
- nicht klassiert
- Schutzzone Auenwald
- Schutzzone Trockenrasen

Karte 30

te Ackerschläge

band Kap. 6.2, Bsp. 2)

ordwestschweizer Jura

Geographisches Institut
der Universität Kiel

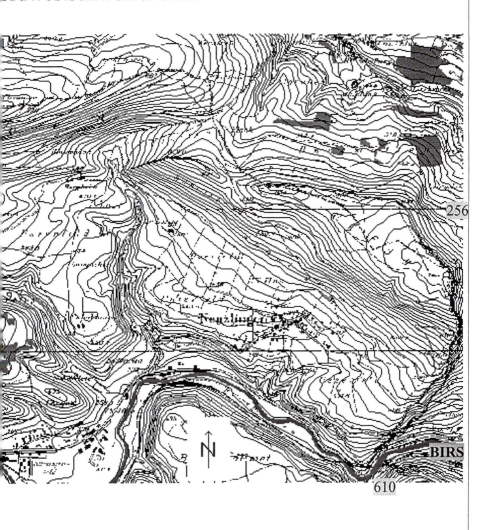

M. Menz 1998

Erosionsgef:

(Erläuterungen

UG Blauen-Südl

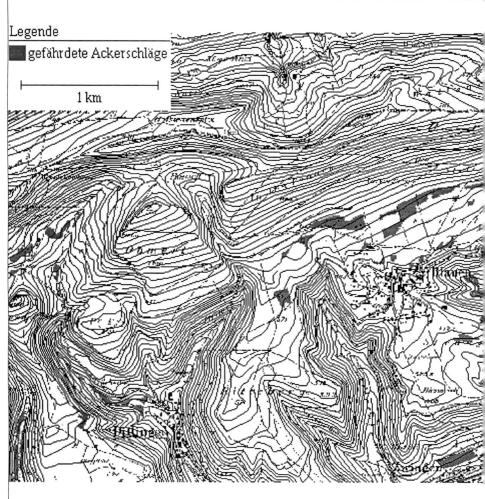

Legende
▪ gefährdete Ackerschläge

1 km

Karte 31

nit Vernässungsgefahr

ehe Textband Kap. 6.2, Bsp. 5)

Geographisches Institut der Universität Kiel

ing, Nordwestschweizer Jura

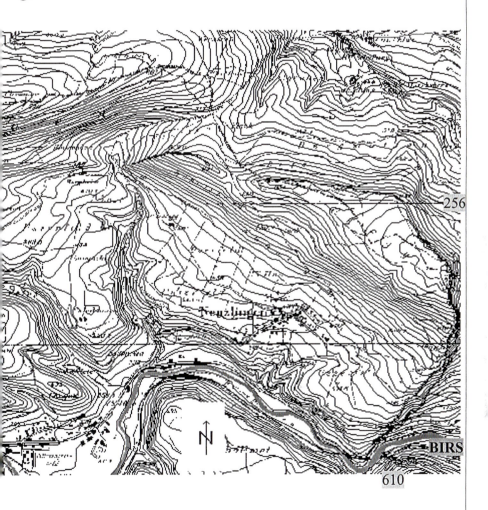

M. Menz 1998

Ackersch

(Erläute

UG Blauer

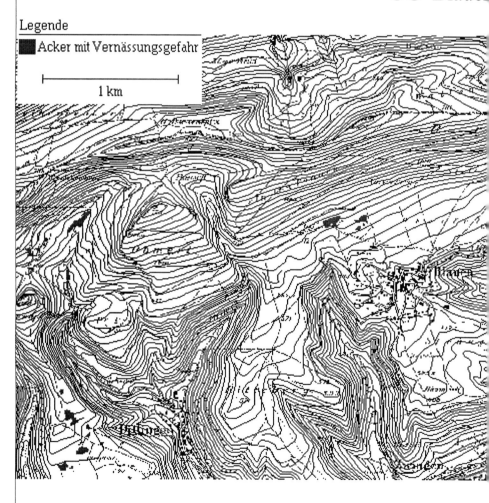

Legende

■ Acker mit Vernässungsgefahr

⊢―――――――⊣
   1 km

Karte 32

Pot. Nährstoffgehalt des Bodens

UG Blauen-Südhang,
Teilgebiet "Nenzlingen"
Nordwestschweizer Jura

Qualitative Bestimmung aufgrund Bodenart, pH-Wert, Horizont-Mächtigkeit (A+B).
Total max. 6 Punkte.
(Siehe Textband Kap. 6.2, Bsp. 6).

Legende

- 2 Punkte
- 3 Punkte
- 4 Punkte
- 5 Punkte
- 6 Punkte

□ keine Daten

500m

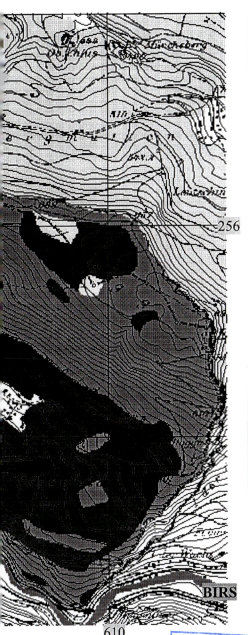

M. Menz 1998